[illegible]

Bien des gens croient que cette histoire de M. de la Tude est un Roman et ils en donnent deux Raisons 1° que son nom ne s'est pas trouvé dans les Regestres de la Bastille aux années indiquées 2° qu'on n'y a pas trouvé sa fameuse Echelle de corde.

A ces deux objections on repond pour la 1ere ___ que M. de la Tude est mort sous un nom différent du sien
Pour la 2de que l'echelle de cordes a été montrée au salon du Louvre au mois d'aout 1789 avec les chefs d'œuvres des Arts il reste a savoir si l'Echelle n'a pas été construite d'apres le recit de M de la Tude plustost que le recit fait d'apres son echelle il reste aussi a savoir s'il est vrai qu'on lui ait donné dans les Regr. de la Bastille un nom différent du sien

M. de la Tude vit encore en mars 1791 il vient de se presenter a l'assemblée nationale pour obtenir une pension en dedommagement de sa longue captivité la Pension a été refusée par ce que la cause de cette detention etoit une imposture préméditée et deshonorante pour un homme de l'age de 20 ans qu'il avoit lors qu'il se la permit.

Not au crayon que j'ai repassée à l'encre ce 15 oct 1888    F.F.B.

# HISTOIRE

## D'UNE DÉTENTION

## DE TRENTE-NEUF ANS,

## DANS LES PRISONS D'ÉTAT.

*Écrite par le Prisonnier lui-même.*

M. de la Tude

*A AMSTERDAM,*

Et se trouve chez les principaux Libraires de l'Europe.

———

## 1 7 8 7.

# AVIS
## DE L'ÉDITEUR.

EN Espagne on est familiarisé avec l'Inquisition ; en Turquie les Lacets & les Muets ne paroissent que des choses forts simples ; en France on est un peu moins tranquille sur les lettres-de-cachet qui, véritablement, font plus de ravages dans une année, que l'Inquisition, les Lacets & les Muets n'en font dans dix ans. Il est aussi humiliant qu'étonnant, que dans un pays, qui est la patrie des sciences, des talens & de la philosophie, dans un Royaume où chaque Ville a ses Académies ; c'est-à-dire sa société de Philosophes, il est bien surprenant, dis-je, que tous les efforts de la raison ne ſoient pas employés, ſans relâche, à combattre un fléau auſſi funeſte.

L'Hiſtoire de M. de la Tude eſt peut-être le meilleur ouvrage que l'on ait pu faire pour éclairer la nation & les perſonnes qui la gouvernent, ſur l'inutile atrocité des châtimens arbitraires. On eſt bien perſuadé, d'après les principes qui paroiſſent être ceux de cet honnête homme, qu'il ne déſapprouvera pas que l'on publie ſon manuſcrit, & qu'il trouvera quelque conſolation dans l'idée que le tableau de ſes infortunes pourra devenir utile à ſes concitoyens.

On n'a pas jugé devoir châtier les incorrections du ſtyle de ce manuſ-crit, qui ne nuiſent en rien au ton ſi intéreſſant de vérité & de ſimplicité avec lequel il eſt écrit.

# MÉMOIRES

## DU SIEUR

## HENRI MASERS DE LATUDE,

*Contenant les opérations qu'il a pratiquées pour se sauver une fois de la Bastille, & deux fois du Donjon de Vincennes, avec la suite de ces évènemens*

## PREMIERE PARTIE.

JE regarde comme une faveur du ciel la possibilité où je suis de mettre au jour ces Mémoires, & quelques détails sur mes longues souffrances : ce terrible évènement est un fait de plus dans l'histoire des calamités

humaines, & il peut être utile & inſtruc-
tif ſous divers rapports.

Je n'ai beſoin, pour intéreſſer en ma
faveur, que d'apprendre aux perſonnes
qui daignent jetter un coup - d'œil ſur
ces Mémoires, que j'ai gémi trente-quatre
ans dans les priſons.

Mais, le dirai - je, en implorant la
compaſſion des hommes, j'ai peine, en
vérité, à me croire leur ſemblable ; le
tems où j'ai vécu parmi eux eſt ſi éloigné ; il eſt ſi incertain, d'ailleurs, que je
reparoiſſe jamais dans la ſociété, & j'ai en-
duré des peines ſi cruelles & ſi extraordinaires, que pour me perſuader que je
tiens encore à l'humanité, il faudroit que
tout changeât autour de moi ; car ma
ſituation eſt telle que mon ame ayant
perdu toute idée de bonheur, ne croit
plus qu'aux maux déchirans, qu'elle ne
ceſſe d'éprouver encore.

Je naquis en 1725, à Montagnac en

Languedoc, diocèfe d'Agde : mon nom eſt *Henri Maſers de Latude* : mon Père, Chevalier de l'Ordre Royal & Militaire de Saint-Louis , & Lieutenant-Colonel du Régiment de Dragons d'Orléans , fut fait en 1733 , Lieutenant-de-Roi à Sedan. Je touchois à peine à ma vingt-troiſième année , que mon père , cherchant à perfectionner mon éducation , & à favoriſer les diſpoſitions que je montrois pour l'étude des mathématiques , m'envoya à Paris en 1749 , dans l'intention de me faire cultiver cette ſcience.

A cette époque Madame de Pompadour étoit devenue la favorite du Roi Louis XV ; elle fixoit l'attention de tout le Public : elle paſſoit pour avoir de l'eſprit , de la beauté ; elle aimoit les talens, & intéreſſoit par là beaucoup de gens ; mais les perſonnes auſtères déſapprouvoient ſa conduite , la condamnoient hautement , & annonçoient que le mauvais exemple attireroit les plus grand maux ſur la France.

Enfin l'efprit de parti, le fanatifme même s'en mêloient ; on fouhaitoit même fa mort.

J'étois jeune, j'avois les idées vives, & je ne fais pourquoi cette femme m'intéreffoit finguliérement ; peut-être étoit-ce parce que je la voyois à la veille d'être perfécutée.

Dans cette circonftance, le hafard m'ayant fait rencontrer de jeunes étourdis, qui difoient qu'on fe débarrafferoit un jour de cette fangfue, dût-on employer des moyens extrêmes, & ayant appris qu'elle craignoit d'être empoifonnée, & que cette idée troubloit fon repos, mon intérêt pour elle redoubla au point que je réfolus de lui être utile, & de me rendre intéreffant auprès d'elle. Je conçus le projet le plus étourdi, le plus inconféquent & le plus mal vu ; je me dirigeai en un mòt comme un enfant, qui ne fent la conféquence de rien. Je pris maladroitement la voie la plus propre à me rendre odieux à fes yeux , & je fis à jamais mon malheur.

Je me rendis à Verfailles auprès d'elle , pour la prévenir que j'avois vu mettre à la pofte une boëte pour elle ; je lui communiquai mes plaintes fur cet envoi , en la prévenant de fe tenir fur fes gardes ; que j'étois véritablement inquiet fur fon fort , d'après les propos que j'entendois , & que je me croyois trop heureux de pouvoir lui donner un avis auffi important. Elle parut touchée de mon attention , & après m'avoir témoigné combien elle étoit fenfible à ma démarche , elle m'offrit fes fervices.

La boëte arriva , car c'étoit moi qui l'avois mife à la pofte : elle étoit pleine d'une poudre qui n'avoit abfolument aucun effet nuifible. Mais en réfléchiffant fur mes bons avis , on imagina de faire des expériences de cette poudre fur des animaux , &

voyant qu'il n'en réfultoit aucun mal, la Marquife de Pompadour pénétra bientôt mon ftratagême ; elle s'en plaignit, & je fut mis à là Baftille le premier Mai 1749.

Dès le mois de feptembre fuivant, je fus transféré au donjon de Vincennes. M. Berryer, alors Lieutenant-général de Police, avoit beaucoup de bonté pour moi. Il m'avoit donné la meilleure chambre du donjon ; deux heures de promenade par jour dans l'un des deux jardins qu'il y a dans l'enclos. La fenêtre de ma chambre donnoit fur le Gouvernement, & celle du cabinet fur Paris. Sous cette fenêtre précifément, je voyois tout ce qui fe paffoit dans l'autre jardin du donjon, qu'on avoit donné à un Curé janfénifte. Ce Curé avoit beaucoup de liberté : la veuve du défunt Lieutenant de Roi, Madame de Saint-Sauveur, avec un de fes fils abbé, & qui eft aujourd'hui Chantre de la Ste. Chapelle de Vincennes, venoient

le voir tous les jours. Ce Curé apprenoit
à lire & à écrire au fils du Maître-d'Hôtel
de M. le Marquis du Châtelet, & à celui
d'un Porte-clef. Le plus âgé de ces jeunes-
gens n'avoit pas feize ans; ils fe diver-
tiffoient dans le petit jardin. J'étois fort
alerte, & j'avois l'efprit très-préfent ; rien
ne m'échappoit : l'air d'aifance & de liberté
de ces jeunes-gens me faifoit mal au cœur ;
mais toutes leurs allées & venues , leurs
courfes , me firent concevoir le projet de
m'évader. Comme je l'ai dit , M. Berryer
avoit ordonné de me faire promener deux
heures dans le jardin : il y avoit deux
Porte-clés, & à deux heures précifes, le plus
âgé entroit dans le jardin pour m'attendre , & le plus jeune venoit m'ouvrir la
porte pour defcendre. Mon projet conçu
pendant un certain nombre de jours , je def-
cendois plus vîte que le Porte-clés , & en
arrivant dans le jardin , il me trouvoit
auprès de fon camarade : & tous les jours
j'augmentois de vîteffe par degré. Après
l'avoir bien accoutumé à ce petit manége,

le 25 juin 1750, j'effectuai mon projet de la manière suivante :

A peine le Porte-clés m'eut-il ouvert, que je volai le long des degrés, & je fermai la porte du bas de l'escalier, tant pour empêcher que son camarade ne l'entendît sitôt crier, que pour gagner quelque tems; & je vais frapper hardiment à la porte de sortie, où une Sentinelle est postée dehors. Elle ouvre, &, sans lui donner le tems de me parler, je lui dis : « Morbleu, voilà » plus de deux heures que M. le Curé » attend l'Abbé de Saint-Sauveur ; avez- » vous vu passer ce fichu drôle ? y a-t-il » long-tems qu'il est sorti ? je vais le cher- » cher, mais il me paiera ma course. » Et en disant ces paroles, je marchois tou- jours en-dehors : je traverse ainsi la voûte qui est au-dessous de l'horloge. Là, je trouve une seconde Sentinelle ; je lui fais la même question : le Soldat me répond qu'il n'en fait rien, & me laisse passer. Je demande au troisième, qui étoit de l'autre côté du pont - levis , s'il n'avoit pas vu paſſer l'Abbé de Saint - Sauveur ? Il me ré- ponds, que non ; & en marchant tou- jours, je lui dis : Oh ! je l'aurai bientôt » trouvé. » J'étois jeune & ſans barbe ; à quatre pas de cette dernière Sentinelle , je me mis à ſautiller comme un jeune éco- lier ; & à cinquante, je pris ma courſe, & paſſai devant le quatrième Factionnaire, ſans qu'il me ſoupçonnât ſeulement d'être priſonnier. Dans le tems que je courois , il ſe paſſoit une autre ſcène au donjon , ( à ce que j'ai appris depuis : ) le Porte- clés enfermé frappoit à la porte , & crioit comme un diable; ſon camarade du jardin fut le premier qui lui ouvrit : il ſe de- mandèrent tous deux à la fois : Où eſt le priſonnier ? Celui que j'avois enfer- mé dit : que c'étoit moi , ſans doute , qui l'avoit enfermé ; ( il ne ſe trompoit pas ) : l'autre lui répond, qu'il ne m'avoit point vu. Ils vont tous les deux frapper à la porte extérieure , & demander à la Sentinelle ſi elle n'avoit point vu le prifonnier qu’ils venoient de faire defcendre pour le promener ? Celui-ci, qui n’y entendoit pas fineffe, leur répondit : « Je » parie, double contre fimple, que c’eft » lui qui vient de fortir tout-à-l’heure. » —— Mais il falloit l’arrêter, & ne pas » le laiffer paffer. —— Oh ! je ne favois pas » que ce jeune Monfieur fût prifonnier ; » il m’a dit qu’il alloit chercher M. l’Abbé » de Saint-Sauveur : à ma place, fi vous » ne l’euffiez pas connu, vous l’auriez » laiffé fortir de même. » On m’a laiffé ignorer la réponfe des autres ; mais à ces deux dernières, on ne pouvoit guère leur faire de reproches.

Six jours après cette évafion, ne me fentant coupable que d’imprudence, je me livrai moi-même par l’entremife du Médecin ordinaire du Roi Louis XV, comme un agneau, entre les mains paternelles de SA MAJESTÉ, efpérant qu’on n’abuferoit pas de la confiance & de la bonne-foi d’un innocent. Néanmoins on

me conduisit à la Bastille : M. Berrier vint m'interroger. Cet aimable Magistrat me dit : « Que l'on étoit fort content de
» la confiance que j'avois eue dans la clé-
» mence du Roi : que bientôt je ressenti-
» rois les effets de l'idée que j'avois eue
» de la bonté de son cœur : que si l'on
» m'avoit fait arrêter & conduire à la
» Bastille, ce n'étoit uniquement que pour
» savoir la manière dont j'avois échappé du
» donjon de Vincennes, parce qu'on y
» mettoit des prisonniers de grande consé-
» quence, & qu'on vouloit savoir si les
» personnes à qui l'on en avoit confié la
» garde étoient des personnes fidèles à Sa
» Majesté, qu'il exigeoit de moi un aveu
» sincère, & que j'aurois lieu d'être satis-
» fait ».

Si quelqu'un m'eût tendu une main se-
courable, j'aurois mieux aimé me laisser arracher les entrailles que de la payer d'ingratitude ; mais comme mon évasion n'étoit
due qu'à mon industrie, je lui fis tout

ingénuement le même récit que je viens
de rapporter ; & M. Berrier ne put
s'empêcher de rire de la manière dont je
m'y étois pris pour enfermer mon porte-
clés, & en impofer aux fentinelles. Bien
convaincu que tout ce que je venois de
lui dire étoit véritable, il me demanda
avec cette bonté qui lui étoit naturelle :
« Vous ai-je laiffé manquer de quelque
» chofe, n'ai-je pas eu bien foin de vous?
» répondez, avez-vous à vous plaindre de
» moi ? . . . . . Quand je ferai dehors, lui
» répliquai-je, je ne dirai point que j'ai eu
» affaire à un juge dans la perfonne de
» M. Berrier, mais à un père, qui, par fa
» douceur, fes fages remontrances, &
» fes bienfaits, m'a rendu mille fois plus
» repentant qu'un juge févère qui m'auroit
» maltraité. A ces paroles il me dit :» je
» ne puis vous rendre votre liberté, que je
» n'aie parlé à Madame la Marquife ; mais
» foyez tranquille, en peu de jours elle
» vous fera rendue ».

Mais

Mais Madame la Marquife de Pompadour fut piquée de ce que j'avois eu plus de confiance dans la bonté du Roi que dans la fienne : & malgré le zèle & l'humanité de M. Berrier, elle me fit mettre pendant dix-huit mois dans un cachot. Ce fut après ce laps de tems que M. Berrier m'en tira, & me mit dans une chambre ordinaire en compagnie avec un autre prifonnier nommé Dalegre, & détenu, comme moi, par la Marquife. J'écrivis lettre fur lettre à M. Berrier en le priant de s'occuper de mon élargiffement. Mes importunités l'obligèrent de venir à la Baftille, & me faifant defcendre à la falle, il me dit : « Vous avez » tort de me croire un cœur infenfible : je fens » tous vos maux, & fi j'avois été le maître » de votre fort, il y a long-tems que vous » feriez libre ; mais vous avez affaire à une » femme qui a en main le pouvoir fouve- » rain. Demandez-moi des adouciffemens, » je ne vous refuferai rien de tout ce qu'on » peut accorder à un prifonnier ; voilà tout » ce que je puis faire pour vous, en vous

» aſſurant que s'il y a du changement,
» non - ſeulement vous ſerez le premier à
» qui je rendrai la liberté, mais même ni
» votre tems ni votre peine ne ſeront per-
» dus, &c. » L'on avoit annoncé depuis
long-tems à mon compagnon qu'il devoit
attendre avec patience la diſgrace de la
Marquiſe.

Quand on eſt dans la peine les jours paroiſſent plus longs que des années ; & le
malheur des infortunés c'eſt qu'ils mettent
toujours les choſes au pis : nous connoiſ-
ſions l'aſcendant que la Marquiſe avoit ſur
l'eſprit du Roi, & nous ne manquions pas
de dire : ſi cette femme reſte encore quatre,
ſix, dix, quinze ans à la Cour, hélas !
nous paſſerons toute notre jeuneſſe dans
la captivité, & nous périrons ici.
Voyons ſi nous ne pourrions pas nous
évader. Mais en jettant les yeux ſur les
murs de la Baſtille, qui ont plus d'une toiſe
d'épaiſſeur ; quatre grilles de fer aux fe-
nêtres, & autant dans la cheminée ; & en
conſidérant par combien de gens armés

cette prifon eft gardée ; la hauteur des
murs & des foffés fouvent pleins d'eau ; il
fembloit moralement impoffible à deux prifonniers , enfermés dans une chambre ,
privés de toute forte de fecours humains,
de pouvoir échapper : & M. de la Borde ,
ce fameux Banquier, avec tout fon tréfor ,
ne viendroit pas à bout de corrompre les
Officiers ; jugez donc ce que de fimples
paroles auroient pu faire fur eux. Cependant avec un peu de génie , je vais vous
faire voir qu'on peut venir à bout de
tout.

Nous étions deux dans une chambre, &
à la Baftille on ne donne ni cifeaux , ni
couteaux , ni aucun autre inftrument tran-
chant , & pour cent louis votre porte-clés
( c'eft-à-dire le garçon qui vous apporte à
manger ) ne vous donneroit pas un quar-
teron de fil ; & bien calculé il faloit quatorze cens pieds de corde ; il falloit deux
echelles , une de bois de vingt à vingt-
cinq pieds , & une de cent quatre-vingt

Il falloit arracher plusieurs grilles de fer
dans la cheminée, & percer dans une seule
nuit un mur de plusieurs pieds d'épaisseur,
à la distance de douze à quinze pieds d'une
sentinelle. Il falloit créer & faire tout ce
que je viens de dire pour échapper, & nous
n'avions que nos deux mains. Ce n'étoit
pas encore là tout, il falloit cacher l'échelle
de bois & celle de corde avec deux cent
cinquante échelons d'un pied de long, &
un pouce d'épaisseur, ainsi que beaucoup
de chose prohibées, dans la chambre d'un
prisonnier : & les Officiers, accompagnés
du porte-clés, venoient nous faire visiter
& fouiller plusieurs fois par semaine : cependant j'étois sans cesse occupé de ce
projet; j'en avois parlé plusieurs fois à mon
compagnon, qui avoit beaucoup d'esprit;
mais il me répondoit toujours que la chose
étoit impossible. Ses raisons au lieu de me
rebuter, ne faisoient qu'animer de plus en
plus mon courage.

Il faut avoir été prisonnier à la Bastille

pour favoir comme on eft traité dans cette prifon. Imaginez-vous que vous pafferez dix ans dans une chambre fans voir ni parler au prifonnier qui eft au-deffus de vous. On y a mis plufieurs fois le mari, la femme, & plufieurs enfans; ils y ont tous reftés nombre d'années, fans favoir qu'aucun de leurs parens y fût. On ne vous apprend jamais aucune nouvelle : que le Roi meurt; qu'il y ait des changemens dans le miniftère, on ne vous inftruit jamais de rien ; & les Officiers, le Chirurgien, les porte-clés, ne vous difent que : bon jour; bon foir; avez-vous befoin de quelque chofe ? & voilà tout.

Il y a une chapelle où tous les jours on dit un Meffe, & les Fêtes & Dimanches trois. Dans cette Chapelle il y a cinq petits cabinets. On y met le prifonnier a qui le magiftrat accorde la permiffion d'entendre la Meffe; on le retire après l'élévation : de forte que jamais aucun Prêtre n'a vû le vifage d'aucun prifonnier; & ceux-ci ne voient que le dos du Prêtre. M. Berrier avoit eu la bonté de m'accorder la permission d'entendre la Meſſe les Dimanches & les Mercredis, ainſi qu'à mon compagnon.

Il avoit donné la même permiſſion au priſonnier qui étoit au-deſſus de nous, c'eſt-à-dire, au numéro trois de la tour nommée la Comté, qui eſt la première à droite en entrant dans la Baſtille. J'avois remarqué que ce priſonnier ne faiſoit jamais aucun bruit ; ne remuoit ni ſa chaiſe, ni ſa table ; ne touſſoit même pas, &c. Il alloit à la Meſſe comme nous, deſcendoit le premier, & remontoit après nous. L'eſprit toujours préoccupé de mon projet d'évaſion, je dis à mon confrère que j'avois envie de voir ſa chambre au retour de la Meſſe, & je le priai de m'en faciliter l'occaſion, en mettant ſon étui dans ſon mouchoir ; & que lorſque nous ſerions en revenant à la hauteur du ſecond, de faire enſorte en tirant ſon mouchoir, que l'étui tombât le long des degrés, & le plus loin possible; & qu'il diroit au Porte-clés qui nous suivoit ordinairement de l'aller ramasser. Ce qui fut dit, fut fait. Moi, qui étoit devant, je monte vîte; je tire le verroux, & ouvre la porte du numéro trois. J'examine la hauteur du plancher, & remarque qu'il n'avoit pas plus de neuf à dix pieds de haut: je referme la porte; j'ai le tems de mesurer la hauteur d'une, deux, & trois marches de l'escalier; je les compte depuis cette chambre, jusqu'à la nôtre: & ce calcul fait, je trouve une différence de cinq pieds environ. Comme le plancher n'étoit point une voute de pierre, je tirai aisément la conséquence, qu'il ne pouvoit pas être de cinq pieds d'épaisseur, & je conclus qu'il étoit double.

Alors je dis à mon Confrère: « Ne » vous désespérez point; avec un peu de » patience & de courage, je vous promets » que nous échapperons d'ici. Tenez, » voici mon calcul, en lui présentant mon

» papier : il y a un tambour entre la troi-
» fième chambre & la nôtre. » -- Sans
vouloir regarder ce papier, il me dit :
« Eh ! quand il y auroit tous les tambours
» des Gardes-françoifes , comment vou-
» lez-vous que tous ces tambours puiffent
» nous faire évader ? -- Il n'eft pas befoin
» de tous les tambours des Gardes ; mais
» s'il eft vrai, comme je le crois, qu'il
» y ait deux planchers entre le troifième
» & le quatrième, pour cacher mes cordes
» & tous les autres matériaux dont nous
» avons befoin, je vous réponds que nous
» parviendrons à échapper. -- Mais pour
» pouvoir cacher nos cordes, il faut en
» avoir, & qui plus eft, il nous eft impof-
» fible d'en avoir feulement dix pieds. --
» Pour ces cordes, lui dis-je, n'en foyez
» point en peine ; car dans la malle de ma
» chaife de pofte, que voilà devant vous,
» il y en a plus de 1000 pieds dedans. »
-- Il me regarde fixement, puis il me dit :
« mais je crois, par ma foi, qu'aujourd'hui
» vous avez perdu l'efprit ! ... Je fais tout

[ 25 ]

» aussi bien que vous tout ce qui existe
» dans votre malle & dans votre porte-
» manteau; je sais qu'il n'y a pas un pied
» de corde; & vous me dites qu'il y en a
» plus de 1000. — Oui, lui dis-je, dans
» cette malle, il y a a douze douzaines de
» chemises, six douzaines de paires de bas
» de soie, douze douzaines de paires de
» chaussettes de fil, cinq douzaines de
» calleçons, six douzaines de serviettes.
» Or, en défilant mes chemises, mes bas,
» mes chaussettes, mes serviettes, mes
» calleçons, avec cela, nous aurons de
» quoi faire plus de 1000 pieds de cordes.
» — Cela est vrai, dit-il; mais, avec quoi
» pourrons-nous arracher ces barres de
» fer qui sont dans notre cheminée? car,
» avec rien, il nous est impossible de faire
» quelque chose: & nous n'avons que nos
» mains, nous ne pouvons pas créer des
» outils, pour venir à bout d'un aussi grand
» ouvrage. — Je lui dis: Mon ami, la main
» est l'instrument de tous les instrumens;
» c'est-elle qui les forme tous. Et les hom-

» mes qui favent faire travailler leur tête,
» trouvent toutes fortes de reffources.
» Voyez, continuai-je, ces deux fiches de
» fer qui foutiennent notre table pliante ;
» je leur ferai un manche à chacune ; je
» leur ferai un taillant, en les repaffant
» fur un carreau de notre chambre : nous
» avons un briquet, en le caffant de telle
» manière, en moins de deux heures,
» j'en ferai un bon canif pour faire ces
» manches ; & ce canif nous fervira à
» mille autres befoins : ainfi, avec ces deux
» fiches, je vous réponds fur ma tête que
» nous viendrons à bout d'arracher toutes
» ces barres de fer. »

Toutes la journée nous en conférâmes,
&, dès l'inftant que nous eûmes foupé,
nous arrachâmes une fiche de fer de notre
table ; & avec elle, nous levâmes un carreau de notre chambre ; & nous nous
mîmes à creufer, de manière qu'en fix
heures de tems nous l'eûmes percé : & à
notre fatisfaction, nous trouvâmes qu'il

y avoit deux planchers à trois pieds de distance l'un de l'autre. Dès cet instant, nous regardâmes notre évasion comme certaine. Nous remîmes le carreau, qui ne paroissoit point avoir été enlevé. Le lendemain, je cassai notre briquet, & j'en fis un canif ou petit couteau, & avec cet instrument, nous fîmes des manches aux deux fiches de notre table. Nous y donnâmes un taillant à chacune : après, nous défilâmes deux de nos chemises, c'est-à-dire, qu'après les avoir décousues & les ourlets aussi, nous tirâmes un fil après l'autre. Nous nouames ces filets, nous en fîmes un certain nombre de pelotons d'une longueur égale & déterminée : tous ces pelotons étant finis, nous les partageâmes en deux, & ils devinrent deux grosses pelottes. Il y avoit cinquante filets à chacune de soixante pieds de long : & ensuite nous les tressâmes, ce qui nous fit une corde qui avoit cinquante - cinq pieds environ de long : &, avec le bois qu'on nous portoit pour nous chauffer, nous fîmes vingt échelons ; & avec cette corde , nous en fîmes une échelle de vingt pieds de long. Ensuite nous commençâmes par l'ouvrage le plus difficile , c'eſt-à-dire, par arracher les barres de fer de la cheminée. Pour cet effet, nous attachâmes notre échelle de corde avec un poids à un bout de ces barres de fer : elle s'y entortilla aiſément ; & par le moyen des échelons, nous nous ſoutenions en l'air dans le tems que nous dégradions ces barres de fer. En moins de ſix mois , nous vînmes à bout de les arracher toutes ; & nous les repoſâmes en place, de maniere à pouvoir les ôter au beſoin , dans le moment que nous voudrions. Cet ouvrage nous coûta bien de la peine, Mon dieu ! jamais nous ne deſcendions ſans avoir les mains toutes enſanglantées ; & nos corps étoient dans une ſituation ſi pénible , dans cette cheminée, qu'il nous étoit impoſſible de travailler une heure entiere ſans nous relever.

Cet ouvrage fini, il nous falloit une échelle de bois de vingt pieds, pour remonter du fossé sur le parapet, où les Soldats de garde sont postés, & de-là entrer dans le jardin du Gouvernement. Tous les jours on nous donnoit plusieurs morceaux de bois pour nous chauffer ; ils avoient dix-huit à vingt pouces de longueur. Il nous falloit ensuite des moufles & beaucoup d'autres choses ; & nos deux fiches n'étoient pas propres pour ces ouvrages, & encore bien moins pour scier des bûches. En moins de six heures de tems, d'un chandelier de fer que nous avions, j'en eus fait, avec l'autre morceau du briquet, une excellente scie, avec laquelle, en moins d'un quart d'heure, je me serois vanté de couper en deux une bûche grosse comme la cuisse. Avec le canif, la fiche, & cette scie, nous parvînmes à dégrossir ces bûches, à les polir, à y faire aux deux bouts des espèces de charnières ou mortaises, & des tenons, pour qu'elles pussent s'engencer les unes dans les autres avec deux trous, dont l'un recevoit un échelon & l'autre une cheville, qui les empêchât de vaciller ; & à mesure que nous avions perfectionné un morceau de notre échelle, nous le cachions entre les deux planchers.

C'est avec ces outils que nous fîmes un compas, une équerre, un dévidoir, des moufles, des échelons, &c. &c.

Comme dans la journée les Officiers ou Porte-clés entroient souvent dans notre chambre au moment que nous nous y attendions le moins, il nous falloit cacher non-seulement nos ustenciles, mais encore les plus petits copeaux ou débris que nous faisions, & dont le plus petit nous eût décelés. Nous avions aussi donné un autre nom à toutes ces choses : par exemple, nous appellions la scie, *Faune* ; le dévidoir, *Anubis* ; les fiches de fer, *Tubal-Kain* ; le tambour, *Polyphême*, par allusion à cet antre de la Fable ; l'échelle de bois,

*Jacob ;* les échelons , *rejettons ;* une corde , une *colombe* , &c. &c. & quand quelqu'un entroit, le plus éloigné difoit au plus proche : Tubalkain , Faune, Anubis, colombe , &c. & l'autre , qui entendoit ce que cela vouloit dire , jetoit deffus fon mouchoir ou une ferviette ; en un mot, il fefoit difparoître ce qui devoit être caché : nous étions fans ceffe fur nos gardes.

L'échelle de bois que nous fîmes n'avoit qu'un bras , & vingt pieds de long , dans lequel étoient paffés vingt échelons de quinze pouces de long , qui dépaffoient ce bras par conféquent de fix pouces de chaque côté ; & à chaque morceau de ce bras , nous avions attaché fon échelon & fa cheville avec une ficelle ; de forte qu'il n'étoit pas poffible de fe tromper en la montant dans la nuit. Quand cette échelle fut finie & mife à l'effai , nous la cachâmes dans Polyphême , c'eft-à-dire , entre les deux planchers : enfuite nous travaillâmes à faire les cordes de la grande échelle, qui devoit avoir cent quatre-vingts pieds de longueur. Nous défilâmes nos chemises, nos serviettes, nos chauf-fettes, nos calleçons, nos bas de soie, enfin, tout y paſſa. A meſure que nous avions fait un peloton, d'une longueur décidée, nous le cachions ; pour n'être pas ſurpris, dans Polyphême : & quand nous eûmes fini le nombre ſuffiſant, en une nuit nous treſsâmes cette belle corde. Elle étoit blanche comme la neige ; & j'oſe dire qu'un cordier ne l'auroit pas mieux faite.

Tout autour de la Baſtille, il y a un entablement qui déborde, en dehors, de trois à quatre pieds. Nous ne doutions pas qu'à chaque échelon que nous deſcen-drions, cette échelle ne flottât de côté & d'autre ; & ce ſont des inſtans, où la tête la mieux organiſée peut manquer. Pour prévenir qu'aucun de nous deux ne s'é-craſât s'il tomboit, nous fîmes une ſe-

conde

conde corde de trois cents-soixante pieds de long, ou de deux fois la hauteur des tours. Cette corde devoit être passée dans un moufle que nous avions fait, c'est-à-dire, une espèce de poulie sans roue, pour éviter qu'elle ne pût s'engrener entr'elle & ses côtés; & de cette manière, chacun de nous deux, soit du haut, soit du bas des tours, pouvoit, par le moyen de cette corde, soutenir en l'air son camarade, & l'empêcher de descendre plus vîte qu'il n'auroit voulu si ce malheur lui arrivoit. Après ces deux cordes, nous en fîmes encore quelques autres de moindre longueur, pour attacher notre échelle de corde, notre moufle à une pièce de canon, & autres besoins imprévus.

Quand toutes ces cordes furent faites, nous les mesurâmes, il y en avoit quatorze cents pieds. Nous eûmes encore à faire deux cents échelons pour la grande échelle & l'échelle de bois; & pour empêcher que les échelons de l'échelle de corde ne fissent

C

du bruit quand nous les defcendrions, en flottant le long de la muraille, nous les revêtîmes de la doublure de nos robes de chambre, de nos gilets, &c. Nous travaillâmes près de dix-huit mois, nuit & jour, à faire tous ces matériaux.

Vous venez de voir tout ce qu'il falloit pour monter par notre cheminée fur la platte-forme de la Baftille, en defcendre dans le foffé, remonter enfuite fur le parapet, & entrer dans le jardin du gouvernement; & de ce jardin, redefcendre encore, par le moyen de notre échelle de bois, ou d'une autre, dans le grand foffé de la porte faint Antoine, lieu où nous devions être en liberté. Il nous falloit encore de plus une nuit obfcure, orageufe; mais nous avions un malheur terrible à craindre : Il pouvoit pleuvoir depuis cinq heures du foir, jufques à neuf & dix, & puis le temps fe mettre au beau. Alors toutes les fentinelles fe promenant autour de la Baftille, c'eft-à-dire, d'un pofte à l'autre,

dans un pareil cas, toutes nos peines & matériaux, non-seulement étoient perdus; mais pour rendre l'aventure plus touchante, au lieu de nous consoler, on nous auroit mis au cachot; & pendant tout le temps que la Marquise auroit été en faveur, on nous eût resserrés d'une étrange manière. Cette appréhension nous inquiétoit beaucoup; mais à force d'y penser, je trouvai le moyen de l'applanir. Je fis concevoir à Dalegre, mon compagnon d'infortunes, que depuis que cette muraille étoit bâtie, la Seine avoit débordé au moins plus de trois cents fois; que l'eau avoit dû dissoudre les sels que contient le mortier ou le plâtre, au moins d'une ligne chaque fois; par conséquent, qu'il nous feroit facile d'y faire un trou pour sortir avec moins de risque. « Que nous vien-
» drions à bout d'avoir une vrille, en ar-
» rachant une fiche de nos lits, à laquelle
» nous ajusterions un bon manche en
» croix ; & avec laquelle nous ferions
» quelques troux dans la jointure des pier-

» res, pour y engrener nos barres de fer,
» par elles, entre nous deux, nous fe-
» rons un effort de plus de cent quintaux
» avec la force du levier; & par confé-
» quent, nous viendrons très-aifément à
» bout de percer ce mur, qui fait la fépa-
» ration du foffé de la Baftille d'avec celui
» de la porte faint Antoine. Il y aura un
» million de fois moins de rifques à fortir
» par-là, qu'à remonter fur le parapet, &
» paffer fous la barbe des fentinelles, &c.
» Dalegre en convint, & me dit : qu'au
» furplus, fi ce percement devenoit trop
» difficile, il y auroit encore moins de
» rifque à l'efcalader dans quelque coin,
» comme nous projettions ci-devant d'ef-
» calader le parapet; extrémité d'ailleurs,
» à laquelle nous pourrions toujours re-
» venir, fi nous rencontrions, dans ces
» expédiens, des obftacles trop infur-
» montables ». En conféquence, nous
fîmes des fourreaux à ces deux barres de
fer : nous tirâmes la fiche, & nous en fîmes une vrille; en un mot, quand tout

notre appareil fut achevé ; quoique la rivière eût débordé , & qu'il y eût trois à
quatre pieds d'eau dans chacun des deux
foſſés , nous réſolûmes de partir le lendemain , 25 Février 1756 , veille du Jeudi
gras.

En outre de ma malle j'avois un grand
porte - manteau de cuir ; ne doutant pas
que toutes les hardes que nous avions
ſur le corps ne fuſſent mouillées , obligés
de traverſer l'eau , & d'y travailler ; nous
mîmes dans ce porte - manteau un ha-
billement complet , ſans oublier chapeaux ,
bas , ſouliers , & en outre , tout ce qui
nous reſtoit de meilleur , juſqu'à ce qu'il
fût bien plein. Le lendemain , à peine nous
eut - on ſervi notre dîné , que nous mon-
tâmes notre grande échelle de corde de
tous ſes échelons ; enſuite nous la cachâmes ſous nos deux lits , afin que les Porte-
clés ne puſſent l'appercevoir en nous ap-
portant à ſouper. ( Un Officier étoit venu
avec lui nous fouiller le matin. ) Nous ac-

commodâmes enfuite notre échelle de bois, puis nous mîmes le refte en plufieurs paquets, bien convaincus qu'on ne viendroit pas nous vifiter avant cinq heures, fuivant la coutume. Les deux barres de fer, dont nous avions befoin, étoient toutes arrachées, & mifes dans leur fourreau, pour empêcher qu'elles ne fiffent du bruit, & les manier encore avec effort plus commodément. Nous avions eu foin de prendre une bouteille de fcubac pour nous réchauffer & nous donner de la force, fi nous étions réduits à travailler dans l'eau. Ce fecours nous fut bien néceffaire; car, fans cette liqueur, nous n'aurions jamais pu tenir dans l'eau d'un dégel, jufques au col pendant fix heures.     1

Nous voici arrivés au moment périlleux !... A peine nous eut-on fervi à fouper que, malgré un rhumatifme que j'avois au bras gauche, je me mis à grimper dans la cheminée, & j'eus toutes les peines du monde à monter au faite : je faillis étouffer

par la pouffière de la fuie ; car j'ignorois la
précaution que prennent les ramoneurs,
d'armer de défenfifs. leurs coudes & leurs
reins, & de fe mettre un fac fur la tête, pour
fe garantir de la pouffière des cheminées
Auffi mes coudes & mes genoux furent-ils
tout écorchés : le fang des coudes couloit
jufques fur mes mains ; celui des genoux
le long des jambes. Enfin j'arrivai au haut
de la cheminée, je m'y mis à califourchon,
& j'y fis couler une pelotte de ficelle que
j'avois dans ma poche, au bout de laquelle
mon compagnon étoit convenu d'attacher
la corde la plus forte, où tenoit mon porte-
manteau : par ce moyen je le fis monter à
moi & le fit redefcendre fur la platte forme.
Je renvoyai la corde où mon compagnon
rattacha l'échelle de bois ; je tirai enfuite de
même les deux barres de fer, & tous les
autres paquets dont nous avions befoin.
Après que tout fut monté, je jettai encore
ma ficelle pour monter l'échelle de corde,
j'en tirai tout le fuperflu qu'il en falloit à
mon camarade pour monter dans la che-

C 4

minée plus commodément que moi , par le moyen du bout de cette échelle , & je l'arrêtai solidement par deux tours au signal qu'il m'en fit. Il monta facilement ; nous achevâmes de tirer le reste , que je jettai de manière qu'elle fut comme nous à cheval dans la cheminée , & nous descendîmes tous deux à la fois sur la platte forme , en nous servant de contre-poids l'un à l'autre.

Deux chevaux n'auroient pu porter notre attirail ; nous commençames à faire un rouleau de notre échelle de corde , qui produisit un volume de cinq pieds de haut , sur un pied d'épaisseur ; & nous fîmes rouler cette espèce de meule sur la tour du tréfor , que nous jugeâmes plus favorable à faire notre descente. Nous attachâmes bien cette échelle à une pièce de canon , & puis nous la fîmes couler doucement dans le fossé. Nous attachâmes pareillement notre moufle ; nous y passâmes la corde de trois cents-soixante pieds de long ; & après avoir transporté à côté tous nos autres paquets, je m'attachai bien par la cuiſſe au bout de cette corde du moufle; je me mis ſur l'échelle, & à meſure que je deſcendois un échelon, mon camarade lâchoit en proportion de la corde du moufle. Malgré cette précaution, à chaque mouvement que je faiſois, mon corps ſembloit être un cervolant qui voltigeoit en l'air, au point que ſi pareille avanture fût arrivée dans le jour, de mille perſonnes qui m'auroient vu flotter de la ſorte, je crois fermement qu'il n'y en auroit pas eu une ſeule qui eût refuſé de faire des vœux au ciel pour moi. Enfin j'arrivai ſain & ſauf dans le foſſé. Sur le champ mon compagnon me deſcendit mon porte-manteau, barres de fer, échelle de bois, & tout notre équipage que je plaçai au ſec ſur une petite éminence qui dominoit l'eau du foſſé au pied de la tour. Mon camarade s'attacha pareillement à ſon tour au-deſſus du genou à l'autre bout de la corde du moufle; & lorſqu'il m'eut fait connoître, par un fignal, qu'il étoit fur l'échelle, je fis d'en bas la même manœuvre qu'il avoit fait d'en haut pour me foutenir en l'air, fi j'euffe perdu l'échelle : j'eus même le foin de paffer le dernier échelon entre mes deux cuiffes en m'affeyant deffus, pour lui épargner le flottage que j'avois éprouvé. Il arriva, & pendant tout ce tems, il eft certain que la fentinelle n'étoit pas éloignée de dix toifes de nous, fe promenant fur le corridor, parce qu'il ne pleuvoit point; & c'eft ce qui nous auroit empêché de pouvoir y monter pour arriver dans le jardin, comme nous l'avions d'abord projeté. Nous nous vîmes donc forcés à nous fervir de nos barres de fer ; j'en pris une fur mon cou avec la vrille, & mon compagnon l'autre; je n'oubliai pas non plus de mettre dans ma poche la bouteille de fcubac, & nous allâmes tout droit à la muraille qui fépare le foffé de la Baftille de celui de la porte St. Antoine, entre le jardin & le gouvernement. Dans cet endroit, il y avoit eu anciennement un petit foſſé d'une toiſe de largeur, & d'un ou deux pieds de profondeur ; ce qui nous donna de l'eau juſque ſous les aiſſelles.

Dans le moment, qu'avec la vrille je commençois à faire un trou entre deux pierres pour engrener nos leviers, voilà la ronde major qui paſſe avec ſon grand falot à dix ou douze pieds tout au plus au-deſſus de nos têtes. Pour l'empêcher de nous découvrir, nous nous croupîmes dans l'eau juſqu'au menton ; & lorſqu'elle fut paſſée, j'eus bientôt fait, à l'aide de ma vrille, deux ou trois petits trous ; & dans peu nous eûmes enlevé la groſſe pierre que nous avions attachée. Dès l'inſtant je répondis à d'Alègre de la réuſſite : je bus un coup ; je lui en fit boire un autre : nous attaquâmes la ſeconde, puis la troiſième. Une ſeconde ronde vint à paſſer, & nous nous remîmes encore dans l'eau juſqu'au menton. Il nous fallut faire cette cérémonie ré-

gulièrement toutes les demi - heures que
cette maudite ronde paſſoit toujours , &
à la même diſtance.

Avant minuit nous avions déjà dégradé
plus de deux tombereaux de pierres. Vous
allez croire que les quatre paroles que je
vais rapporter ſont écrites pour vous ex-
citer à rire ; mais c'eſt la pure vérité. Ayant
entendu que la ſentinelle venoit ſe promener au-deſſus de nous , les décombres
que nous avions faits autour du trou , nous
forcèrent de nous croupir dans l'eau un
peu derrière : la ſentinelle arrête tout court.
Nous crûmes qu'il avoit entendu ou ap-
perçu quelque choſe , & que nous étions
perdus ; mais un inſtant après , il fit
ſon petit tour préciſément ſur ma tête.
Quand il fut parti , je dis à mon compagnon à l'oreille : « Cet inſolent vient de
» piſſer ſur ma tête ; mais m'auroit-il fait
» caca ſur le nez , il ne m'auroit pas fait
» rompre le ſilence. Il me répondit : « je

» vous crois ; mais buvons un coup pour
» appaiser la peur qu'il nous a faite. Enfin
» en moins de six heures de tems, nous
» eûmes percé cette muraille qui , au rap-
» port du Major, a quatre pieds & demie
» d'épaisseur. Dès l'instant je dis à d'Alègre
» de sortir, & de m'attendre de l'autre côté ;
» & que si malheureusement il m'arrivoit
» quelque chose en allant chercher le por-
» te-manteau, de s'enfuir au moindre bruit ;
» il n'arriva rien heureusement : je l'ap-
» portai ; il le tira en dehors : je sortis
» après , en abandonnant le reste sans
» regret ».

Etant tous les deux dans le grand fossé
de la porte St. Antoine, nous nous croyons
hors de péril : d'Alègre tenoit un bout de
mon porte-manteau, & moi l'autre , pour
gagner le chemin de *Bercy*. A peine eûmes
nous fait cinquante pas , que nous tom-
bâmes dans l'acqueduc qu'il y a dans le
milieu de ce grand fossé : nous avions au

moins six pieds d'eau au-dessus de nos têtes.
Mon compagnon, aulieu de gagner l'autre
bord , car cet acqueduc n'a pas six pieds
de large, quitte le porte-manteau pour s'ac-
crocher à moi. Me sentant saisir, je donne
un grand coup de pied ; je lui fis lâcher
prise : en même-tems je me cramponne de
l'autre côté ; j'enfonce mon bras dans l'eau,
l'attrappe aux cheveux , & le tire à moi ,
& ensuite mon porte-manteau qui surna-
geoit. Ce n'est qu'à cet endroit que nous
fûmes hors de péril. C'est où finit cette
nuit terrible.

A trente pas de là, comme ce fossé faisoit une pente, nous fûmes à pied sec. Ce
fut alors que nous nous embrassâmes , &
que nous nous jetâmes à genoux pour remercier Dieu de la grande grace qu'il venoit de nous faire, de ce qu'aucun n'avoit
été fracassé en tombant, & de la liberté
qu'il venoit de nous rendre. Notre échelle
de corde étoit si juste, qu'elle n'avoit pas

un pied de trop ni de moins. Nous avions
fi bien arrangé tout, qu'il n'y eut pas un
bout de corde d'embrouillé.... Toutes les
hardes que nous avions fur le corps étoient
mouillées ; mais nous avions prévu ce petit
malheur : nous avions des hardes dans mon
porte-manteau, & couvertes à l'entrée de
chemifes falles ; le tout étoit fi bien arrangé,
que l'eau n'avoit pas pu y pénétrer.

A force d'avoir travaillé pour tirer les
pierres du trou, nos mains étoient toutes
écorchées : & une chofe qu'on auroit de
la peine à croire, c'eft que nous avions
moins froid dans l'eau jufqu'au cou, que
quand nous en fûmes tout-à-fait dehors :
car un tremblement univerfel nous faifit ;
nos mains s'engourdirent. Il fallut que je
ferviffe de Valet-de-Chambre à mon ami,
qui m'en fervit à fon tour. Comme nous
montions la rampe de ce foffé pour entrer
dans le chemin, quatre heures fonnèrent.
Nous prîmes le premier fiacre, & nous fû-

mes chez M. de Silhouette , Chancelier
de Monseigneur le Duc d'Orléans; malheureusement il étoit à Versailles. Nous
nous refugiâmes à l'Abbaye St. Germain-
des-prez.

*Fin de la première Partie.*

SECONDE PARTIE.

# SECONDE PARTIE.

LA Marquise de Pompadour n'ignoroit pasqu'elle nous avoit fort mal traités ; car il y avoit alors six ans qu'elle tenoit d'A-lègre dans la Bastille ; & moi sept, qu'elle avoit abusé de ma bonne foi, & de la confiance que j'avois eue dans la bonté du Roi. Elle savoit que d'Alègre étoit un jeune homme qui avoit beaucoup d'esprit, & que moi je n'étois pas tout-à-fait sot. On ne lui avoit point caché que nous étions fort irrités contre elle : &, avec raison, elle craignoit que nous ne lui causassions bien de l'ennui, en divulguant ses cruautés & sa mauvaise conduite. Nous tînmes conseil, & nous résolûmes de rester cachés un mois, pour lui laisser le tems de jetter ses premiers feux ; car nous ne doutions pas qu'elle alloit tout mettre en usage pour nous faire arrêter & remettre à la Bastille ;

D

&, pour l'empêcher de nous avoir tous d'eux d'un même coup de filet, il fut résolu que nous sortirions de France l'un après l'autre, & que celui qui ne seroit point arrêté réclameroit son camarade; qu'il commenceroit par les prières, & qu'au refus de la Marquise, qu'il auroit, par degrés, recours aux voies qui feroient le plus d'éclat, en rendant sa cruauté publique, jusqu'à ce qu'elle eût relâché l'autre. Comme on craignoit la plume de d'Alègre, il voulut sortir le premier : pour cet effet, il s'habilla en pauvre paysan, & il eut le bonheur d'arriver à Bruxelles. Il fut loger à l'hôtel de *Coffy*, sur la place de l'Hôtel-de-Ville. J'avois logé un quartier d'hiver dans cette auberge ; l'hôte se nomme *Volems*. Arrivé dans cette Ville, il m'écrivit sur-le-champ de venir le joindre. Je m'habillai comme lui en paysan ; mais, avant de partir, je me fis donner par celui qui me logeoit son extrait baptistaire, & je m'étois muni d'un factum de procès. Je fus attendre à deux ou trois lieues la dilignence qui alloit à Valenciennes ; je m'accommodai avec le cocher pour me porter jufques dans cette Ville.

Etant arrivé à Cambrai , dans l'auberge où couche la diligence , un Brigadier de la Maréchauffée vint tout droit à moi, me regarde fixement, & me dit : « D'où venez-vous ?.... La diligence venant de Paris , je ne pouvois pas lui dire que je venois d'ailleurs. « D'où êtes vous » ? me dit-il. --- Je me gardai bien de lui dire que j'étois de Montagnac, il m'auroit cru fur ma parole ; mais je lui dis que j'étois de Digue en Provence , à caufe de l'extrait baptiftaire de mon hôte que j'avois. --« De » Digue, me dit-il , je fuis refté plus de » dix ans dans cette Ville ». --- Et moi qui n'y avois jamais été , jugez de ma furprife ; j'aurois mieux aimé qu'un cheval m'eût donné un coup de pied , que de lui entendre proférer cette parole : cependant, fans me déconcerter, je lui dis : Parbleu ,

D 2

» Monsieur, si vous êtes resté dix ans à
» Digue, vous ne devez pas regretter de
» mourir aujourd'hui ; car vous devez vous
» être bien diverti. La Provence & les
» Provençales sont bien gaies ; avouez-le :
» parie que vous n'êtes pas resté un seul
» jour sans danser ». --- « Oh ! si j'ai dan-
» sé !..... depuis le matin jusqu'au soir.
» --- Le vin est à bon marché dans mon
» pays, n'est-il pas vrai ? Monsieur. -- Ah !
» d'honneur, me dit-il, je ne faisois que
» boire & danser ». --- Cependant, après
lui avoir fait bien des questions, malgré
moi, il m'en fit à son tour qui n'étoient
pas si amusantes que les miennes. « Con-
» noissez-vous, me dit-il, M. un tel, un
» tel, un tel, &c. ». Ici je me ressouvins
de la fable du singe & du dauphin. Dans
un nauffrage, un singe s'étoit mis sur le
dos d'un dauphin : celui-ci lui demanda
s'il connoissoit le Pyrée ? Si je connois le
Pyrée, dit le singe, c'est le meilleur de
mes amis. Comme le Pyrée étoit le port
d'Athènes, le dauphin tourna la tête pour

[53]

voir ce qu'il portoit fur fon dos, voyant que ce n'étoit qu'un finge, il le jetta dans l'eau. Le fouvenir de cette fable me rendit prudent; car je dis en moi-même : fi ce Brigadier de Maréchauffée te tend un piège, & que tu difes que tu les connois ; tu es un homme perdu ; car, s'ils exiftent, il te poufferas de demandes auxquelles tu feras de plus en plus embarraffé de répondre. En conféquence je pris un autre biais ; je fis femblant de ruminer tout haut, en difant : « M. un tel, M. un tel, M. un » tel, &c. Je ne me fouviens pas d'avoir » jamais entendu prononcer ces noms dans » Digue, qui n'eft cependant pas extrê- » mement grand. Et de combien de tems » me parlez-vous, Monfieur » ? --- « De » dix-huit ans, me répondit-il ». --- « Oh ! » lui dis-je, je n'étois alors qu'un enfant, » & il eft hors de doute que ces perfonnes » font mortes ». Enfuite il me dit : « Ah ! » les excellentes eaux qu'il y a dans cette » villes ; elles opèrent des miracles : je leur » ai vu guérir tels & tels maux ». --- Je lui

répondis : « Monfieur, dans tous les lieux
» du monde, Dieu a mis des eaux & des
» breuvages pour guérir toutes fortes de
maladies ». Comme il alloit me faire encore d'autres queftions, telles que me demander fi je n'avois pas dans le carroffe
un compagnon de voyage ; à quoi je répondis très-brièvement que non, & qu'à
la longue j'aurois très-certainement fuc-
combé ; car il prenoit trop de plaifir à s'entretenir avec ma perfonne. Je vis fortir de
l'écurie le cocher de la diligence, je lui
criai, de toutes mes forces : « Guftin,
» Guftin ! il tourne la tête de mon côté :
» Voulez-vous, que nous allions boire une
» bouteille chez notre vieux ami. ? Il me
répondit, en pronoçant un f,... « Je le
» veux bien ». Alors je tirai une révérence
à M. le Brigadier, qui me pefoit plus de
mille quintaux fur les épaules, & nous
fûmes effectivement boire une bouteille.

Le lendemain, la diligence arriva à Valenciennes avant midi. Je fus arrêté à la

porte; on m'y fit plufieurs queftions ; je leur répondis que pour ce moment je venois en droiture de Paris ; mais que j'y étois arrivé de Digue. On me demanda mon paffeport. Sur-le-champ, fans répondre, je tirai de ma poche, bien accomodés dans un mouchoir, le factum & l'extrait baptiftaire. Je leur dis que j'étois domeftique, & que mon maître m'envoyoit porter ces papiers à fon frère, qui étoit établi à Amfterdam. Ils me laifsèrent paffer. Là, je pris la diligence de Bruxelles, & j'y arrivai le lendemain ; je fus tout droit chez mon ancien hôte, qui, fous l'habit de domeftique, ne me reconnut point ; mais fon époufe me fauta au col, & me donna plufieurs baifers. Enfuite je lui demandai où étoit M. d'Alègre. Elle me répondit : *je ne fais* --- « Je lui ai cepen-
» dant dit de venir loger chez vous à fon
» arrivée : il ma écrit & m'a fait des com-
» plimens de votre part ; il doit être ici
» par conféquent, & vous ne devez pas

» me cacher où il eſt » ? Elle me répondit
encore : *Je ne ſais où il eſt.*

A ces mots un coup d'épée ne m'auroit
pas fait plus de peine ; car je vis bien qu'il
lui étoit arrivé quelque malheur. Je dis
au mari & à la femme ; s'il vous doit, vous
n'avez qu'à me le dire ; je vais vous ſatis-
faire. La femme répondit, tout eſt bien
payé. Le mari me demanda ſi je logeois
chez lui ? Je lui répondis : ſi vous avez un
lit à me donner, cela n'eſt pas douteux ;
vous n'avez qu'à me préparer à ſouper ;
mais je ne puis me rendre ici que ſur les
dix heures ; je voulus lui donner un écu
d'avance, il n'en voulut point ; mais il me
dit qu'il alloit faire écrire mon nom à
l'hôtel-de-ville ( c'eſt l'uſage ) ; je ſortis
vîte de cette auberge, ſous prétexte que
j'avois des affaires à terminer dans la ville ;
mais bien réſolu de ne pas y retourner. Je
fus chez un de mes amis intimes, nommé
l'Avocat Scorvin, qui occupe aujourd'hui

une place confidérable dans le Grand-
Confeil du Brabant. Il venoit manger
dans cette auberge dès 1747 , que je paffai
un quartier d'hiver en cette ville. Je lui
racontai mes avantures , & ce qui venoit
de fe paffer. Il me répondit : J'ai beaucoup
de peine à croire que M. le Prince Charles ait donné les mains pour faire arrêter
votre ami , ou enfin que fes Confeillers
fe foient prêtés à fon enlèvement ; fi vous
voulez , je vous donnerai un logement ici ;
mais , pour ne rien hafarder , je vous confeille de partir tout à l'heure. Je lui répondis que c'étoit la réfolution que j'avois
déjà prife , mais que je n'avois pas voulu
paffer fans le faluer. Je le chargeai de
quelques commiffions , qu'il fit : en for-
tant de chez lui , je fus tout droit à la
barque d'Anvers , qui devoit partir à neuf
heures précifes du foir ; j'entrai dans le
cabaret le plus proche , en attendant fon
départ. Un jeune Savoyard , en habit de
Dimanche , vint fe mettre à ma table , avec
fon époufe , & deux de fes parens qui ve-

noient l'accompagner. En me regardant
ce Savoyard me dit : « A votre air je con-
» nois que vous êtes François. --- Vous
» ne vous trompez pas. --- Allez-vous à
» Anvers ou plus loin. --- Je vais à Amſ-
» terdam. --- Bon, dit-il, nous ferons le
» le voyage enſemble ; je parle très-bien
» hollandois, & ſi on nous cherche quel-
» que diſpute, nous ferons deux, & nous
» nous défendrons ».

Si je n'avois été plongé dans un chagrin
extrême, à cauſe du malheur arrivé à mon
Compagnon d'infortunes, j'aurois ri. Cependant, je lui répondis : « Qu'il pouvoit
» compter ſur moi ; que je ne lâcherois
» point le pied. » Nous arrivâmes de bon
matin à Anvers. Ce ramoneur, qui s'ap-
peloit *Achard*, me dit : « Mon ami,
» comme les vents peuvent devenir mau-
» vais & contraires, il nous faut acheter
» ici des vivres pour pluſieurs jours. » Je
le remerciai de l'avis; mais il voulut m'accompagner dans la ville , où j'achetai

quelques livres de jambon cuit, du fromage , du pain, & deux bouteilles d'eau-de-vie de genièvre, &c. Nous fîmes porter tout cela dans la barque de Rotterdam , qui devoit partir à une heure précise après midi : alors il n'étoit pas dix heures. Le Savoyard me dit : « Nous avons le tems, » voulez - vous, mon ami , que je vous » mène à la Cathédrale pour voir les beaux » tableaux qu'il y a dans cette Eglise. » Quoique je les eusse vus avant lui , je lui dis que je le voulois bien : il m'y mène. Dans le tems que nous y étions , occupé d'autre chose que de tableaux , je lui dis : « Vous êtes marié à Bruxelles ; » votre femme y demeure ; ne pourrois-je » pas la charger de me retirer un porte- » manteau qui doit m'arriver de Paris par » la Diligence ; car j'ai eu une affaire » d'honneur en France, qui m'a empêché » de pouvoir le prendre avec moi. A ce mot » il me dit, parlez bas ; car il y a cinq jours » aujourd'hui qu'il est arrivé à Bruxelles » une affaire de grande conséquence. Deux

» prifonniers d'état fe font échappés de la
» Baftille à Paris ; un s'eft déguifé en men-
» diant, & fous cet habit, il eft arrivé à
» Bruxelles : il avoit été loger à la place
» de l'Hôtel-de-Ville. Le lendemain il s'eft
» fait faire un habit galonné, & alloit fe
» promener avec les Officiers qui mangent
» dans cette auberge ; Laman ( c'eft un
» Officier de juftice qui arrête le monde)
» a reçu un ordre de l'arrêter : & voici
» comme il s'y eft pris pour fauver l'éclat.
» Il a été l'attendre à la porte de fon au-
» berge, & lui a dit : Monfieur, vous êtes
» étranger, & moi je fuis Laman ; il faut
» que vous ayez la bonté de vous tranf-
» porter chez moi, pour me donner votre
» nom & vos qualités. Ce Monfieur, qui
» croyoit fa perfonne en sûreté, le fuivit ;
» mais quand il a été arrivé dans fa maifon,
» il l'a enfermé dans une chambre, en lui
» difant : Monfieur, j'ai ordre du Prince
» Charles de vous faire conduire fur les
» terres de Hollande : foyez bien affuré
» que vous ferez content du Prince. Ce-

» pendant le lendemain à la pointe du jour,
» M. de Lécaille, Grand-Prévôt du Bra-
» bant, l'eſt venu prendre bien accompa-
» gné, & l'a conduit aux portes de Lille.
» C'eſt-là qu'il l'a remis à un exempt Fran-
» çois qui ſuivoit en chaiſe de poſte à une
» portée de fuſil par derrière. J'ai appris
» tout cela du Laman, qui eſt mon bon
» ami, & qui m'a bien défendu d'en parler
» à perſonne.

Par ce cruel récit, je ne pus plus douter
du malheur qui étoit arrivé à mon compagnon d'infortunes. Néanmoins je dis au
Ramoneur, « a-t-on arrêté l'autre ? -- Pas
» encore, me dit-il ; mais on ne le man-
» quera pas, car il y a bon nombres de
» gens à l'affut. Je dis en moi même : de
» par tous les Saints du Paradis, je viens
» de l'échapper belle » ! Après avoir été
inſtruit de tout par ce Ramoneur, je lui
dis : « ah ! pour moi je ne ſuis point pri-
» ſonnier d'état ; c'eſt pour m'être battu
» en duel, & avoir bleſſé mon ennemi :

» & pour éviter qu'on me mette en prison,
» je vais en Hollande attendre que mes
» parens aient accommodé mon affaire.
» Achar , lui dis - je , ne croyez point
» que ce soit en traître que je l'ai blessé ;
» c'est en tout honneur , en tout hon-
» neur. -- Oh , me dit - il , je vous crois ,
» Monsieur ».

Cependant, je fis des réflexions ; je dis
en moi-même, si le Prince Charles a donné
son consentement pour faire arrêter d'A-
lègre , il ne manquera pas de faire courir
après moi ; car dès hier au soir il aura été
instruit que je suis arrivé à Bruxelles. Vu
que je n'y ait point couché , il ne peut
éviter de penser que je suis parti par la
barque d'Anvers , pour passer en Hollande. A Bruxelles , on sait précisément
l'heure du départ de la barque de Rotterdam ; & en moins de quatre heures , en
chaise de poste , on peut venir à Anvers.
Or je ne doutai point que celui qui avoit
fait arrêter d'Alègre , n'envoyât un ordre ,

au même M. de l'Ecaille à Anvers, pour
me faire arrêter en entrant dans la barque
de Hollande ; & pour éviter ce malheur ,
je dis au Ramoneur : « Achar, la barque
» qui doit nous porter à Rotterdam , paffe-
» t-elle à Berg-op-zoom » ? Il me répondit
que non. ( c'eft ce que je favois avant lui )
Je feignis cependant d'en être fâché, &
lui dis : « je ne m'attendois pas à ce con-
» tre-tems ; car il faut de toute néceffité
» que je paffe à Berg-op-zoom, pour re-
» cevoir l'argent d'une lettre-de-change.
» Ainfi, mon ami, je fuis bien fâché de
» ne pouvoir achever le voyage avec vous,
» qui me paroiffez être un parfait honnête
» homme ; mais j'efpère que nous nous
» reverrons à Amfterdam , & nous boi-
» rons plus d'une bouteille enfemble. En
» attendant, je vous fais préfent de tous
» les vivres qui font dans la barque. Ce
» préfent fit beaucoup de plaifir à ce Ramoneur qui, par reconnoiffance, voulut
» m'accompagner hors la ville , & m'in-
» diquer le chemin qui mène à Berg-op-

» zoom ». A peine m'eut-il tourné le dos,
que je me mis à courir de toutes mes forces,
jufqu'à ce que je fuffe arrivé fur les terres
de Hollande, de crainte qu'en entrant dans
la barque on ne me réclamât, & que ce
Ramoneur ne lâchât quelque parole in-
difcrette.

J'arrivai fort heureufement à Amfterdam.
J'y trouvai plufieurs perfonnes de ma province; je ne les avois jamais vues; mais comme
elles connoiffoient ma famille, il y en eut
une qui voulut que je vinffe loger chez elle.
Cet honnête homme fit venir plufieurs perfonnes fages chez lui pour faire une con-
fultation. Tous m'affurèrent que je n'avois
rien à craindre; que ma perfonne étoit en
sûreté dans Amfterdam; que les états ne
me livreroient pas, pourvu que je fuffe
tranquille.

Mon deffein n'étoit pas de me venger,
ni même de troubler la tranquillité de la
Marquife de Pompadour. Il eft vrai que

j'aurois mieux aimé mourir que de lui aban-
donner mon camarade d'infortunes. J'attendois même avec impatience que j'euſſe
reçu de l'argent de chez moi , pour le lui
faire redemander d'une manière reſpec-
tueuſe , en faiſant agir toute ſa famille ; &
moi-même j'aurois répondu de ſa ſageſſe
& de ſa diſcrétion.

La Marquiſe de Pompadour étoit une
femme vindicative ; il n'y a que Dieu ſeul
qui l'ait connue ; & pour faire périr un de
ſes ennemis elle auroit fait dépenſer viugt
millions à la France. Le Miniſtre ou le
Contrôleur - Général des Finances ſe ſe-
roient bien gardés de la refuſer.

Par rapport à tout le mal qu'elle m'avoit
fait , elle me fit réclamer par l'ambaſſadeur
de France , au nom du roi , aux états de
Hollande. Eh ! quelle eſt la puiſſance qui
refuſeroit un de ſes ſujets à un auſſi puiſ-
ſant monarque.

E

Par un malheur qui furpaffe mes lumières, je ne fais comment on put intercepter mes lettres à la pofte d'Amfterdam, ayant eu la précaution de changer de nom, & de les faire mettre à d'autres bureaux de pofte, qu'à ceux d'où l'on pouvoit juger que j'en duffe recevoir.

Des lettres que l'on m'avoit interceptées, on ne m'en envoya qu'une feule, celle de mon père, dans laquelle il y avoit une lettre de change, & qu'on avoit eu foin de recacheter. A l'occafion de cette lettre, qui me fut rendue par les voies ordinaires, ils prirent des arrangemens pour m'enlever en allant chercher mon argent. Ainfi ce fut en allant faire acquitter cette traite que je fus arrêté, dans la maifon de Mars Fraicinet, banquier, au marché aux fleurs, le premier juin 1756. Je fus conduit à l'hôtel-de-ville d'Amfterdam, où je reftai huit jours; & enfuite je fus mené par eau à Anvers, & de-là en pofte à la Baftille, où je fus, en arrivant, jetté dans un cachot, les fers aux pieds & aux mains, couché fur la paille, fans couverture.

C'eft de ce lieu affreux, que le quatorze avril 1758, j'envoyai au feu roi, Louis XV, le projet militaire, pour faire prendre généralement à tous les officiers & fergens, des fufils au lieu d'efpontons, dont ils fe fervoient jufqu'alors ; & par ce moyen j'augmentai nos armes, fans qu'il en coûtât rien, de vingt-cinq mille fufiliers.

Par un fecond mémoire que j'adreffai à la cour, le trois juillet 1758, j'ai procuré plus de douze millions de revenu à la France : ces deux fervices, rendus dans un temps où le roi avoit grandement befoin d'argent, auroient fait rendre la liberté au plus grand criminel, & lui auroient encore procuré une fortune honnête ; ils n'ont fervi, à moi innocent, qu'à me faire redoubler les perfécutions, à m'accabler d'outrages ; de faire prendre à mes ennemis la réfolution inhumaine & meurtrière de me faire, par la fuite, périr dans un cachot de Bicêtre; dans le cachot des fcélérats.

Quant à préfent, détenu dans celui de la Baftille depuis quarante mois, les fers aux pieds & aux mains, & couché fur la paille, fans couverture; je dus ma fortie au débordement de la rivière. Quand on m'en tira, j'avois de l'eau jufqu'à la ceinture; on me mit dans une chambre ordinaire, en attendant la difgrace de mon ennemie, qui feule pouvoit me donner l'efpoir d'obtenir ma liberté.

Le pauvre Dalègre, mon malheureux compagnon compagnon d'infortunes, ne put réfifter à un traitement auffi cruel; il devint fou enragé. Dans le mois de mai 1777, il vivoit encore. On l'avoit tranf-féré dans la maifon de force de Charenton, gouvernée par les frères de la Charité; féjour que l'on me deftinoit pareillement, felon toute apparence ; car on me donna un jour la permiſſion barbare de le voir aux catacombes. Je le trouvai parmi les frénétiques enragés.... Hélas ! en le voyant dans ce lieu affreux , je ne pus retenir mes larmes ! Et c'étoit le but de ceux qui me permirent cette partie de plaiſir , que de me conduire au déſeſpoir ! Je lui dis mon nom , je lui dis que c'étoit moi qui étois échappé de la Baſtille avec lui.... il ne me reconnoiſſoit point ? .... Il me répondit que non , qu'il étoit Dieu.

On croit faire grace à un criminel en le condamnant à une priſon perpétuelle ; mais d'après ma propre expérience , & celle que j'ai été à portée de prendre dans les autres , que je n'ai vus que de trop près , j'oſe dire , que les juges feroient plus humains mille fois , en ôtant la vie à un coupable par le plus douloureux de tous les ſupplices , que de le condamner à une priſon perpétuelle. Dans le premier cas , en moins d'une heure , tous ſes jours malheureux feroient finis ; au lieu que dans une longue prifon , il fouffre à chaque inftant toutes les douleurs d'un million de morts.

Je n'ai jamais fouhaité la mort à mon ennemie ; mais nuit & jour je foupirois après fa difgrace : & je puis protefter que je reffentis beaucoup de peine lorfque, le dix-huit avril 1764 , deux demoifelles auxquelles j'avois jetté un paquet de paquet de papiers du haut des tours de la Baftille , en profitant d'un grand vent, jufques dans la rue faint Antoine , les priant de me tendre une main fecourable ; ne ceffoient, pendant plufieurs jours , de me faire des fignes , qu'elles alloient travailler pour moi ; mais un matin , par la fenêtre de leur chambre , elles me firent voir un grandiffime papier , fur lequel étoient écrits ces quatre mots :

*HIER XVII, EST MORTE MADAME LA MARQUISE DE POMPADOUR.*

Je laissai passer plusieurs jours, pour voir si l'on ne viendroit pas délivrer les prisonniers que cette dame tenoit à la Bastille; car je savois bien que je n'étois pas le seul. Au bout d'un mois, voyant qu'il n'y avoit rien de nouveau, j'écrivis à M. de Sartines : « que madame la marquise de Pompadour étant morte le dix-sept du mois d'avril, selon l'autorité des loix, l'innocence de ma faute, sa trop longue expiation; la liberté devoit m'être rendue; & que je le suppliois en grace sur-tout, de vouloir bien considérer la longueur du temps que je supportois ma captivité, injuste & barbare d'après mon innocence! » Comme M. de Sartines avoit expressément défendu à tous les officiers, chirurgiens, porte-clés, d'instruire les prisonniers de cette mort; il vint à la Bastille, me fit descendre à la salle du conseil, & me dit : « Je veux absolument savoir quelle est la personne qui vous a appris cette mort ». Je n'eus pas le temps de la réflexion, car je lui aurois répondu que;

« la nuit du dix-sept avril, j'avois été telle-
» ment préoccupé, & à diverses reprises,
» de cette nouvelle, & tourmenté même
» par cette idée, que je me l'étois persua-
» dée, que je l'aurois parié, & que l'aveu
» de son interrogation, confirmoit ma
» croyance ». Mais pris à l'improviste, je
lui répondis tout naturellement, « que
» j'étois honnête homme, & que j'aimerois
» mieux qu'on m'arrachât le cœur que de
» trahir, & d'avoir la lâcheté de payer
» d'ingratitude la personne qui m'avoit
» donné cette nouvelle. —— Eh bien! me
» dit-il, puisque c'est ainsi, je ne vous
» rendrai votre liberté, que quand vous
» me l'aurez nommée ». Il insista, je per-
sistai, & fus constant dans mon refus, &
préférois sans balancer la continuation de
mon emprisonnement à l'ingratitude & à
la perfidie. M. de Sartines enfin fut très-
mécontent de mon genre de probité; je
doute cependant qu'aucune personne honnête puisse me blâmer, ou approuver la conduite de M. de Sartines en cette occa-

fion. A fa place, & tout homme d'état que j'euffe voulu être, il me femble que fi j'euffe fait une femblable queftion, j'aurois jugé le prifonnier, même de quinze ans, qui auroit trahi fon bienfaiteur, indigne de jouir jamais de la liberté qu'il me demandoit ; & que j'aurois au contraire donné des louanges à celui qui auroit eu le courage de réfifter à mes offres, & à mes menaces, telles intéreffantes ou terribles fuffent-elles pour lui.

Quoi qu'il en foit, je continuai à le folliciter vivement. J'écrivis lettre fur lettre à M. de Sartines ; mais fans aucun fuccès. On me donnoit à la vérité quelques foibles efpérances ; mais la manière dont on me les donnoit, & les intervalles auxquels elles m'étoient tranfmifes, me faifoient affez juger combien elles étoient illufoires !.... A mefure que mes efpérances s'évanouiffoient, mon efprit s'aigriffoit davantage : & de refter prifonnier, fans aucune partie du moins que je connuffe,

me fit mettre , fans doute involontaire-
ment, moins d'humilité & de ménage-
ment dans mes réclamations. Enfin aliéné
un jour par le défefpoir, je m'échappai à
écrire une lettre injurieufe à M. ne Sartines. Lettre fatale !... Lettre écrite dans
un moment d'égarement ; qu'un cœur généreux eût fans doute pardonnée , & qui
fut cependant la caufe de tous les malheurs
qui m'ont depuis accablé.

Mais quel homme peut être affez maître
de lui-même pour étouffer dans tous les
inftans de fa vie l'indignation que produi-
fent néceffairement des tourmens renaif-
fans fans ceffe , & auffi injuftes que pro-
longés. J'ai fans doute été imprudent, in-
confidéré : j'ai eu tort de céder à un mouvement d'impatience trop violent : de cho-
quer un homme qui me tenoit en fa puif-
fance, quelque inique qu'il fût envers moi.
Mais enfin , je n'ai à rougir d'aucun crime ;
mon cœur eft pur , ma confcience eft
en paix.

Cette malheureuſe lettre rendit M. de Sartines furieux contre moi : il me fit mettre ſur le champ dans le cachot de la tour nommée la Baſſinière, au pain & à l'eau.

Il y avoit déjà plus de quinze ans que j'étois à gémir dans la Baſtille ; & les Officiers, qui ſont des hommes humains, n'étoient pas trop fâchés que j'euſſe eu le courage de reprocher à M. de Sartines ſa cruauté : & comme il ne manquoit pas tous les mois d'y aller faire parade de ſa puiſſance, il s'en apperçut ; & pour ne pas laiſſer ſans ceſſe ſous les mêmes yeux une preuve de ſa barbarie, la nuit du quatorze au 15 du mois d'Août 1764, veille de l'Aſſomption, à minuit préciſes, on vint me chercher au cachot ; on me conduiſit au Gouvernement : là on me chargea de chaînes de toute eſpèce. On me porta dans un fiacre ; & en ſortant de la ſalle du Gouvernement, l'Exempt, qu'on nomme Rouillé, dit aux Officiers « qu'il alloit me » conduire dans un couvent de Moines ;

» pour prendre l'air petit-à-petit pendant
» deux ou trois mois, au bout defquels on
» me rendroit la liberté ». Cet Exempt, non
content de m'avoir chargé de fers avant
que le caroffe partît, me paffa encore une
autre chaîne au coû ; & l'on fit paffer l'autre
bout fous le pli de mes genoux. Au premier coup de fouet que le cocher donna à
fes chevaux , le Recors, qui étoit dans le
caroffe à côté de moi, mit une de fes mains
fur ma bouche, & l'autre derrière ma tête.
Le fecond Recors , qui étoit devant moi
aux côtés de l'Exempt, tira la chaîne fi ru-
dement , & l'autre pouffa ma tête d'une
telle violence, que je crus qu'ils m'avoient
caffé les reins , & qu'ils alloient m'étouffer,
& me jeter dans la rivière. Mon vifage
étoit précifément entre mes genoux , &
l'on me conduifit dans le Donjon de Vincennes, où je fus jeté dans une cachotière.

Je fais que les Officiers des prifons roya-
les font forcés, malgré eux, d'exécuter les
ordres qu'on leur donne ; & j'ofe dire que,

pendant un temps infini, chaque morceau de pain ou verre d'eau que j'avalois, je croyois que ce feroit le dernier. Ah!.... on a bien raifon de dire que l'attente de la mort eft plus affreufe que la mort même. Je me croyois un homme perdu fans reffource; mais heureufement pour moi que le Lieutenant de Roi, M. Guyonnet, étoit un homme d'honneur & d'humanité. Il venoit très-fouvent me voir; je lui racontois toutes mes avantures, toutes mes infortunes. Il en fut extrêmement touché, & me protefta qu'il alloit travailler pour moi de toutes fes forces : ce qu'il fit; car voyant l'injuftice affreufe dont M. de Sartines m'accabloit, avec cette ardeur qui caractérife une ame fenfible & généreufe, il vint à bout de me tirer de la cachotière où j'étois malade; mais il parvint même à me faire accorder deux heures de promenade par jour dans le foffé, à la garde de deux fufiliers & un Sergent, qui reftcit à la porte avec une autre Sentinelle.

[78]

Il y avoit déjà vingt mois que mon ennemie étoit morte , & deux que je jouiſſois
de cette promenade , quand le vingt-trois
Novembre 1765 , ſur les une heure du ſoir,
dans le temps que j'y étois , il s'éleva un
brouillard fort épais. Je dis en moi-même,
il ne faut pas que je perde cette belle occaſion d'échapper : & ayant monté la rampe
du foſſé , étant entre deux Fuſiliers , &
derrière le Sergent, je demande à celui-ci :
« Comment trouvez-vous le temps ?--Mon-
» ſieur, fort mauvais ! Et moi , repris-je,
» je le trouve fort bon pour échapper ».
Sur le champ , avec mes coudes, j'écarte
les deux Sentinelles qui étoient à mes côtés
d'une telle force, qu'il fontl'un mi-tour à
droite, & l'autre à gauche; je pouſſe ſi ru-
dement le Sergent, qu'il tombe ſur le nez ,
& paſſe à côté du troiſième Sentinelle qui
étoit au bout du pont-lévis; & me voilà
dans la cour du Gouvernement, fuyant de
toutes mes jambes. Le Sergent ſe relève,
& lui, & ſes trois Sentinelles, ſe mirent à
courir après moi, en criant : *arrête, arrête,*

*arrête.* J'enfile la cour royale qui étoit pavée de monde allant & venant ; & pour empêcher que personne ne m'arrêtât, je me mis à crier comme ces quatre Soldats : arrête , au voleur, arrête : & avec ma main, je faisois des signes que le voleur fuyoit devant, & le brouillard m'étoit fort utile : car de tous ceux qui étoient autour de moi, il n'y avoit que ceux qui pouvoient me voir qui se missent à crier comme moi : arrête. De sorte, qu'à la tête de tous ces criards, & par la faveur de cet heureux brouillard, je traversai toute la cour royale ; mais ici il fallut changer de note. Une sentinelle s'étoit posté au milieu de la porte, qui n'a pas deux toises de large, avec la bayonnette au bout du fusil. Comme ce même homme m'avoit gardé un grand nombre de fois en allant me promener, il me connoissoit, & me dit : « Arrêtez, Monsieur, où je vous passe ma » bayonnette au travers du corps. Je me » modérai, en disant : « O Chémé ! ( c'étoit » le nom de la Sentinelle ) vous n'êtes pas

» affez méchant pour tuer un homme qui
» ne vous a jamais fait de mal, & que vous
» connoiffez. » En même temps j'écarte &
faifis fa bayonnette & fon fufil, & le fecoue
fi fort, que je le fais tomber par terre. Je
pris ma courfe tout armé, & j'entrai dans
le bois du parc pour me cacher aux regards
de tout le monde; enfuite je jetai le fufil,
& fis un demi-tour à droite ; & toujours
en courant, j'eus bientôt rencontré la muraille du parc. Je l'efcalade, & faute dehors ; & à cinquante ou foixante toifes, je
me cachai dans le premier lieu où je crus
ne pouvoir être découvert jufques à la nuit
clofe que j'entrai dans Paris.

Je fus tout droit chez les deux Demoifelles auxquelles j'ai dit que j'avois jeté mon
paquet de papiers du haut des tours de la
Baftille. Par un mot d'écrit pour elles, qui
étoit dedans, je les avois prié d'aller porter
ces papiers à un de mes amis, nommé la
Baumelle, connu pour avoir critiqué la
Henriade de Voltaire : je leur demandai

ce

ce qu'elles en avoient fait : elles me répondirent qu'on leur avoit dit que M. de la Beaumelle étoit dans le pays étranger, & que depuis plus de quinze mois, ne me voyant plus promener sur le haut des tours de la Bastille elles m'avoient cru ou sorti de captivité, ou mort ; & qu'elles les avoient brûlés. En un mot, je vis que ces deux Demoiselles avoient beaucoup plus de sensibilité que d'esprit ; car il est évident que si ce message eût été entre les mains d'une personne un peu intelligente, entre les mains enfin d'une Madame Legros, que nous aurons occasion de connoître par la suite, elle seroit venue à bout, & peut-être alors en peu de temps, de me tirer des griffes de mon nouvel ennemi ; la première étant morte peu de tems après que je leur eus jeté ce paquet.

M. de Sartines savoit, pour mon malheur, que j'étois protégé par feu M. le Maréchal Duc de Noailles, père de celui d'aujourd'hui, qui vivoit alors, par M. de

Silhouette, &c. Et moi je n'ignorois pas que mon évasion ne dût le jeter dans de grandes inquiétudes. J'étois alors âgé de quarante ans, & j'échappois pour la troisième fois d'une captivité de dix-sept, dans la dernière desquelles sur-tout j'avois souffert des tourmens au-dessus de toute expression. Je soupirois cependant plus après le repos qu'après la vengeance, qui auroit pu m'attirer de nouveaux malheurs encore : & comme un honnête homme commence toujours par la douceur & la modération pour accommoder les affaires, afin de mettre son ennemi dans son tort, le lendemain de mon évasion, j'écrivis à M. de Sartines pour le rassurer, & lui protester que je ne ferois pas une seule démarche, que je ne dirois point une seule parole qui pût lui déplaire, ou ternir sa réputation. Malgré cela, il n'en avoit pas moins pris la résolution de me perdre. Il prévint en conséquence les Ministres contre moi : il fut lui - même chez M. le Comte de la Marche, aujourd'hui Prince de Conti, chez M. le Maréchal Duc de Noailles; il envoya des Exempts à Petit-Bric, maison de campagne de M. de Silhouette. Il lui écrivit que c'étoit à sa recommandation qu'il m'avoit accordé des adoucissemens, dont j'avois abusé, &c. Nota, que cela n'étoit point: néanmoins cela me porta des coups mortels, tant a de force le droit ou le pouvoir de calomnier.

De mon côté je n'étois pas moins intrigué que lui, voyant qu'il vouloit absolument me perdre.

Je fus chez un de mes amis, les Chevalier Méhégan, qui a un frère Brigadier des Armées du Roi; je viens d'apprendre qu'il est mort : c'étoit un homme d'esprit. Je lui racontai mes malheurs. « Comment, » dit-il, c'est vous qui avez échappé du » Donjon de Vincennes ? Oh ! je vous » dirai, mon cher ami, que M. de Sarti- » nes, & le frère de la Marquise de Pon- » padour, ( tout le monde a connu le peu

[ 84 ]

» d'efprit, & la brutalité de caractère de
» ce marquis de Marigny ) » font dans une
» peine extrême à votre égard. Je fais très-
» certainement que tous les Exempts, tous
» les Commiffaires, tous les Recors, tous
» les Infpecteurs de Police, en un mot,
» je fais qu'ils vous font chercher dans tout
» Paris par trois mille perfonnes. De plus,
» ils ont promis mille écus à celui qui leur
» donnera votre adreffe : on a envoyé votre
» fignalement à toutes les Maréchauffées
» de France pour vous arrêter.

On ne craint point un coquin, même
un fcélérat, auquel on n'a fait que le mal
qu'il mérite. Ceux-ci fuient la juftice, &
moi je la recherchois : & voilà précifément ce que M. de Sartines & le Marquis
de Marigny craignoient tant que je ne
trouvaffe un moyen, un débouché ; &
c'étoit à caufe de cela juftement que M. de
Sartines étoit allé chez M. le Comte de
la Marche, chez M. le Duc de Noailles,
chez M. de Silhouette, pour les empêcher

de me tendre une main fecourable ; ce à
quoi il ne réuffit que trop bien. Enfin , le
Chevalier de Méhégan me dit : « Perdu
» pour perdu , je vous confeille d'aller à
» Fontainebleau où eft le Roi , de vous
» jeter à fes pieds , & de lui demander
» juftice ». En conféquence , j'écrivis au
Miniftre de la guerre , & je lui donnai ma
parole d'honneur « que je ferois chez lui
» le 18 Décembre 1765 , & que je le fup-
» pliois en grace de ne point me faire ar-
» rêter avant de m'avoir accordé un mo-
» ment d'audience ; qu'enfuite, s'il me l'or-
» donnoit , je me rendrois moi-même en
prifon : malgré tous les gens poftés pour
m'arrêter, j'arrivai dans fon appartement
un jour plutôt que je n'avois promis ; c'eft
à-dire , le 17. Dès l'inftant que je me fus
fait annoncer , il me fit arrêter à côté de
fon Suiffe, fans vouloir me permettre de
dire une feule parole. Je fus garotté avec
des cordes ; on me mit dans un caroffe, &
je fus conduit tous droit dans le Donjon
de Vincennes , où je fus jeté en arrivant

F 3

dans le cachot noir. En entrant dans ce lieu, je ne pus m'empêcher de m'écrier, hélas !...Eſt-ce donc ainſi qu'on rend juſtice à l'innocence !... A ces mots un Porte-clés, nommé Monchalain, me dit d'une voix rébarbative : « On ne ſauroit trop » vous accabler ... Vous êtes la cauſe qu'on » a pendu le Sergent qui vous gardoit ».

Oui cela eſt vraï ! ſi j'avois vu mettre le feu à un brâſier, pour y faire rougir pluſieurs paires de tenailles pour m'arracher les entrailles. Oui.... oui, cette terrible vue n'auroit pas fait une auſſi cruelle impreſſion ſur mon cœur, que cette affreuſe parole, que je crus véritable. Je perdis connoiſſance, ne ſentant aucun de mes maux perſonnels ; je tombai ſur ma poignée de paille, & pendant plus de deux mois, il me fut impoſſible de prendre un moment de repos. Dans l'obſcurité de ce cachot affreux, je n'avois devant les yeux, ſans ceſſe, que ce ſergent ! Il étoit innocent, car il avoit fait tout ce qui étoit en son pouvoir pour m'arrêter ; & ce n'étoit nullement de sa faute si j'étois & plus adroit & plus vigoureux que lui ; & à tout instant, grands Dieux !.... je le voyois monter à la potence,... Je voyois l'officier des hautes-œuvres lui arracher la vie.... puis couper la corde, & le laisser tomber comme un sac de terre.... Ah ! quel spectacle, bon Dieu ! pour un honnête homme, que d'avoir sans cesse devant les yeux, un pauvre malheureux qu'il a fait pendre.... Oui, j'ose dire que toutes les furies de l'enfer n'auroient pu ajouter quelque chose à mon martyre. Que si depuis l'instant qu'on m'eut dit cette abominable fourberie, il est entré dans ma bouche un morceau de pain, un verre d'eau ; je ne prenois cette triste nourriture, que dans l'espérance que Dieu me feroit un jour la grace de venger la mort de cet innocent. Et comme je ne pouvois le bannir de ma vue, infailliblement j'aurois perdu l'esprit ; je serois devenu enragé comme ce pauvre d'Alègre, si Dieu, touché de ma peine, n'eût eu pitié de moi de la manière suivante :

Nuit & jour je faisois des cris épouvantables !.... Dieu.... oui Dieu donna la hardiesse à une sentinelle, nommé Ar..... Lorrain, de s'approcher de la porte de mon cachot, à minuit précises : Et ce ce brave homme me cria le plus bas qu'il le put : « Monsieur, ne vous désespérez » pas, Dieu aura pitié de vous, il mettra » fin à votre peine. —— Ah ! mon ami ! » lui dis-je, il n'est plus possible de mettre » fin à ma peine..... Jamais je ne pourrai » oublier que suis la cause que ce pauvre » Vielcastel a été pendu ! —— Que me di- » tes-vous, reprit-il, Monsieur ? que vous » êtes la cause qu'on a pendu Vielcastel, » notre Sergent ?..... Oui. —— Eh ! Mon- » sieur, on vous a trompé, il est aujour- » d'hui de garde au Donjon. Il est bien » vrai qu'il a été mis au cachot avec les » autres sentinelles qui vous gardoient ; » mais le lendemain de votre arrivée, on

» leur a rendu leur liberté , &c. ».

Si la douleur me fit perdre connoiſſance, la joie m'ôta la parole ; tous les organes de mon corps ſe dilatèrent. Ma bouche s'ouvrit, je ne pouvois plus la fermer. Je me jettai ſur la terre ; je la preſſai de mes bras, en y appuyant ma bouche..... Je la baiſois, comme ſi cette terre eût été les pieds, le corps de Dieu même, en reconnoiſſance de la grande grace qu'il venoit de me faire. Car, je ſerois devenu enragé ſi j'étois reſté encore un mois dans un état ſi terrible.

Oui , ſi on m'avoit dit : on vient d'aſſaſſiner votre père, votre mère, n'y ayant point de ma faute ; à la longue, il auroit été poſſible que je me fuſſe conſolé de ce malheur, tel douloureux m'eût - il paru d'abord. Mais jamais !.... au grand jamais, je n'aurois pu avoir un moment de repos, ni me conſoler d'avoir été la cauſe qu'un brave homme , qu'un innocent eût été

pendu. C'eſt une épine qu'il eſt impoſſible d'arracher du cœur d'un homme de probité ; & j'oſe dire que Cicéron, Démoſthènes, & J. J. Rouſſeau, avec toute leur éloquence, ne pourroient peindre la centième partie des maux que je ſouffris. On ne devroit pas permettre de pareilles fourberies, capables de faire étrangler un homme ſenſible, ou qui n'auroit point de religion ; ou tout au moins de le faire devenir enragé. S'il eſt permis d'ôter la vie à un criminel dans les ſupplices, je ne crois pas permis de la lui prolonger dans de pareilles cruautés.

Le neuf juillet 1777, un gentilhomme de mes amis, dîna avec M. Boucher, premier ſecrétaire de M. le Noir, lieutenant général de police ; il y fut queſtion de moi ; & ce ſecrétaire lui dit : ſavez - vous combien ce Monſieur a déjà coûté au roi ? deux cents-dix-ſept mille livres. Or, d'après l'injuſtice affreuſe dont il eſt démontré que je ſuis la victime ; car on a violé dans ma perſonne toutes les loix divines & humaines ; je ne crois pas qu'aucun tribunal de juſtice pût me refuſer de me faire donner, en dédommagement, par mes perſécuteurs vivans, ou ſur les biens de ceux qui ſont morts, la même ſomme qu'ils ont fait dépenſer injuſtement au roi pour me faire périr.

*Fin de la ſeconde Partie.*

# TROISIÈME PARTIE.

A la mort du roi Louis XVI, arrivée le dix mai 1774, il y avoit vingt-cinq ans que j'étois dans les prisons. L'année suivante, M. de Malsherbes, ministre, & M. Albert, lieutenant général de police, vinrent visiter tous les prisonniers du donjon de Vincennes : j'eus le bonheur de les voir. M. de Malsherbes fut le premier à me promettre de me rendre la liberté au premier jour. Il eut la bonté de s'informer si j'avois de quoi vivre en sortant d'une aussi longue captivité. Quelques jours après, il m'envoya demander, par M. de Rougemont, lieutenant de roi, un mémoire des hardes dont j'avois besoin pour ma sortie. M. Amelot remplaça bientôt ce respectable ministre; mais à la place de M. Albert, ce fut hélas ! M. le Noir qui fut fait lieutenant de police.

M. de Saint-Vigor, contrôleur général de la maison de la reine, s'adreſſa à M. Amelot, pour ſolliciter ma ſortie. Ce miniſtre me la rendit bientôt. L'exempt m'en apporta l'ordre le cinq juin 1777, m'enjoignit de me rendre chez M. le Noir, pour parler à ce magiſtrat, qui m'indiqua lui-même l'endroit où je devois toucher l'argent que me devoit envoyer ma famille. Le lendemain, je me rendis à l'hôtel de la police. J'aſſurai M. le Noir de mon reſpect, & lui demandai la permiſſion d'aller à Verſailles pour remercier le miniſtre qui avoit délivré l'ordre de ma ſortie, & M. de Saint-Vigor, qui avoit bien voulu la ſolliciter. Ce magiſtrat me l'ayant accordée, je me rendis d'abord chez M. de Saint-Vigor, qui m'envoya chez M. Amelot, en me recommandant de demander M. Riviere, commis de ce miniſtre, & M. Robinet, premier commis, qui me dit que ma famille deſiroit ardemment de me voir, que je lui devois bien cette satisfaction, en me rendant au plutôt à ses desirs.

M. Riviere m'introduisit lui-même dans l'appartement de ce ministre; mais comme il étoit à s'entretenir avec un ambassadeur, je ne pus lui faire mes remerciemens de la grace qu'il m'avoit accordée. Le lendemain, je me rendis de nouveau chez M. Riviere, pour le prier de me faire obtenir une audience de M. Amelot, afin de lui parler de mes affaires. J'eus l'honneur d'entretenir ce ministre, & de lui remettre quelques-uns des projets que j'avois fait pendant ma captivité, & dont j'avois appris, depuis ma sortie, qu'on s'étoit servi. Je le priai de vouloir bien les examiner, & de me dire ensuite ce qu'il en penseroit. Après les avoir lus attentivement, il me dit, en parlant de mon projet militaire, que s'il étoit vrai que j'eusse rendu ce service, & que je n'en eusse point été récompensé, il lui paroissoit équitable que je le fusse; & que pour cela, je devois préfenter au roi un placet.

Je touche au plus douloureux des inftans de ma vie. J'en frémis encore en y
penfant; je vais rappeler le moment où
toutes mes efpérances s'évanouirent, in-
diquer le jour, où repouffé au fonds de
l'abîme que j'avois fu franchir , je le vis
pour jamais refermé fur ma tête.

Je m'étois fait une loi de foumettre à
M. Riviere le placet que je me propofois
de préfenter au roi & au miniftre, qui le
trouva bien. M. le Prince de Beauveau,
capitaine des gardes, à qui j'eus l'honneur
de demander permiffion de préfenter mes
papiers, eut auffi la bonté d'approuver
tout ce qu'ils contenoient, & de les figner
felon l'étiquète. Il m'inftruifit que je devois les préfenter au roi à la porte de la
chapelle, quand il iroit à la meffe. Ce
prince exigea même de moi un récit exact
de toutes mes avantures, & l'écouta, j'ofe
le dire, avec le plus grand intérêt; je re-

mis enfuite mes papiers à Sa Majefté. Au bout de douze jours, quand j'allai demander la réponfe de mon placet, le miniftre, auparavant fi difpofé en ma faveur, ne me fit qu'un accueil froid & réfervé, qui, je l'avoue, me fit concevoir un trifte preffentiment de nouveaux malheurs. Pour toute réponfe, on m'enjoignit de retourner promptement dans ma province. J'obtins un délai de huit jours, pour me munir des chofes qui m'étoient néceffaires, & je retournai à Paris le dix juillet. Je me rendis, fur une lettre d'invitation du lieutenant général de police, à l'hôtel de ce magiftrat : j'en reçus un ordre précis de retourner dans ma province ; je lui promis une prompte obéiffance, & en effet je pris le lendemain le coche d'Auxerre.

Le 15 Juillet, j'étois à quarante-trois lieues de Paris, à S. Brien, deux lieues au-deffus d'Auxerre, véritable route de l'endroit où il m'étoit ordonné de me

rendre

rendre ; un coup de foudre m'auroit moins frappé que ne le fit la vue d'un Infpecteur de Police, nommé Marais, qu'on avoit envoyé en pofte fur mes traces. Il m'arrêta, me fit reprendre la route de Paris ; me conduifit dans la prifon du petit Châtelet, où je fus mis au fecret. Trois jours après, le Commiffaire Chenon père, vint fe faifir de tous mes papiers, parmi lefquels on n'en trouva fans doute aucuns contre la Religion, le Gouvernement & les loix. Le premier Août 1777, du petit Châtelet je fus transféré à Bicêtre, & jetté dans un cachot à dix pieds fous terre. On ne daigna pas m'inftruire du prétexte d'une détention auffi inattendue, auffi rigoureufe ; on fe contenta de me dire avec brutalité, en me renfermant dans mon cachot, que je ferois roué de coups de bâton, fi j'ofois écrire à M. Amelot.

Cet événement, joint aux circonftances qui l'ont précédé, accompagné & fuivi, a toujours été pour moi une énigme in-

compréhenfible, quelques efforts que j'aie
faits pour en pénétrer la caufe. L'ame la
plus dure ne pourra, je crois, s'empêcher
de convenir que la faute de jeuneffe qui
avoit occafionné ma première détention,
n'eût été fuffifamment expiée par vingt-
fept années de captivité. Cette faute d'ailleurs étoit en effet pardonnée, puifqu'on
m'avoit accordé mon élargiffement ; & il
eft certain, & fera par la fuite avéré, que,
depuis le 6 Juin, époque de ma liberté,
jufqu'au 25 Juillet qu'elle me fut de nouveau ravie, ma conduite avoit été parfai-
tement innocente, & mes propos circonf-
pects, jufqu'au filence le plus exact. Pourquoi donc M. Amelot, qui m'avoit paru
favorablement difpofé lors de ma première
vifite, me fembla-t-il tout-à-fait refroidi
la feconde ? Pourquoi me donner l'ordre
de quitter Paris & de retourner dans ma
province ? Pourquoi enfin, dans le moment où j'exécute ponctuellement cet ordre, me faire arrêter à quarante-trois lieues
de Paris ? & pourquoi, fur-tout, faire en-

fermer un homme, auquel on ne pouvoit reprocher aucun crime, dans un cachot fouterrein de Bicêtre ?.... Séjour affreux, qui n'a jamais été deftiné qu'aux plus grands fcélérats, fouillés des plus noirs forfaits, & auxquels des raifons politiques ont voulu fauver les derniers fupplices.

La lettre choquante que j'avois adreffée à M. de Sartines étoit-elle ignorée de M. Amelot lorfqu'il m'accorda ma liberté ? lors même de ma première vifite ?... En auroit-il été informé depuis par M. de Sartines ; & feroit-ce pour fe venger encore de cette lettre que ce Lieutenant de Police, devenu Miniftre de la Marine, auroit follicité ma nouvelle détention ? Il n'eft pas vraifemblable que M. de Sartines, fans autre motif, eût pouffé auffi loin le reffentiment d'une offenfe déjà très-ancienne, déjà expiée, & dont le défefpoir feul dans lequel il m'avoit plongé lui-même, avoit été l'unique caufe, & ce motif ne paroît pas fuffifant pour expliquer une auffi grande rigueur. Mais j'avois été traité de lui avec beaucoup de cruauté, & je puis dire d'injuftices; il n'ignoroit pas d'ailleurs que je ferois tenté de le faire, & il paroît plus probable que voilà le véritable crime qui a occafionné mon nouveau malheur, & qui a fait defirer à M. de Sartines & à fon ami M. Lenoir, de me fouftraire à tous les regards, & à m'enfevelir dans l'oubli le plus profond; voilà ce qui les a engagés à faire choix d'un cachot fouterrein de Bicêtre pour me fervir de prifon ou plutôt de tombeau; & cette explication eft la feule qu'on puiffe donner à un choix qui, fans elle, ne pourroit certainement paroître qu'abfurde & inconcevable.

Si cette explication avoit befoin de confirmation, elle la recevroit de la bouche de M. Lenoir lui-même, qui ne pouvoit cet hiver s'empêcher de témoigner aux perfonnes qui follicitoient mon élargiffement, les craintes qu'il avoit que *je n'écriviffe*; & qui ne ceffoit de leur répéter

[ 101 ]

que s'il me lâchoit une fois, je ne man-
querois pas *d'ecrire* aussi-tôt que je serois en
liberté.

Au reste, j'ai été tellement oublié dans
ce cachot, que j'y ai passé six années sans
avoir un seul juge, ni avoir été interrogé
une fois; & que le seul interrogatoire que
j'aie subi, est du 21 Avril (1783) dernier.

# INTERROGATOIRE.

M. Lenoir. Votre tête est elle rassurée ? de tems en tems n'avez - vous pas encore de petites folies.

Latude ( avec étonnement ). Je n'ai jamais donné de preuves d'avoir perdu l'esprit.

M. Lenoir. J'ai lu vos lettres.

Latude. Les avez-vous lues en ma présence ?

M. Lenoir. Non.

Latude. Mais il n'est pas permis de punir un homme sans entendre sa défense.

M. Lenoir. Mais vous avez échappé de la Bastille, de Vincennes ; ce sont là des folies.

Latude. Si vous appellez folies des traits d'esprit , cela est différent ; mais je ne crois pas que personne au monde , ni aucun de ceux qui sont ici à m'écouter , pense qu'il y ait de la folie à échapper de ces redoutables demeures ( il y avoit trente perfonnes préfentes ) , il faut au contraire avoir une bonne tête , & l'efprit très-préfent , pour réuffir à de pareilles opérations ( Tous ceux qui m'écoutoient , ont dit : ma foi il y a plus d'efprit que de folie ).

M. Lenoir, avez-vous cherché à échapper de cette maifon ?

Latude , non Monfieur.

M. Lenoir. Et pourquoi ayant échappé des autres maifons , n'avez-vous pas effayé à échapper de celle-ci ?

Latude. J'ai échappé des autres prifons , parce que j'avois à faire à une Partie qui n'entendoit ni rime ni raifon ; mais , dans cette maifon , j'ai toujours efpéré qu'on me rendroit la juftice qui m'eft due.

M. Lenoir. Qui eft votre Partie ?

Latude. Monfieur , permettez-moi de vous taire fon nom.

M. Lenoir. Pourquoi ? Vous n'avez qu'à le dire,

Latude. C'étoit Madame de Pompadour.

M. Lenoir. Mais vous avez eu plufieurs traits de folie ?

Latude. Ceux qui vous ont dit cela vous en ont impofé : jamais je n'en ai eu ; & je vous fupplie de vous fouvenir du bon rapport que les Moines de Charenton vous firent, en 1776, de ma bonne conduite, & qu'en conféquence vous me promîtes ma fortie au premier jour. Voilà fix ans que je fuis ici au cachot, à dix pieds fous terre, au pain & à l'eau ; & je demande le premier pour quel crime j'ai fubi un traitement auffi rigoureux ? Or, fi j'avois été affecté de la moindre folie, il eft fans doute que dans ce lieux affreux j'en aurois donné quelque figne ; car, fans les fecours généreux d'une Dame vertueufe, j'y ferois mort de mifère.

M. Lenoir. N'eft-ce pas Madame Roffignol ? ( il avoit oublié le nom de la Dame dont il vouloit parler ).

Latude. Non, Monfieur ; mais elle m'a envoyé des fecours fur le récit qu'un Prifonnier lui fit de ma trifte perplexité. Or, vous n'avez qu'à demander à M. Triftan que voilà, à M. le Capitaine, à M. le

Lieutenant, si depuis six ans que je suis ici, j'ai donné le moindre sujet de plainte. ( Ces Messieurs répondirent unanimement que non, & M. Tristan ajouta même que M. le Chevalier s'intéressoit au sort de Latude ). Un fou n'est pas toujours maître de sa tête ; si je l'étois, présentement que je suis en votre présence, & celle de tant de personnes respectables qui vous entourent, il est hors de doute que je vous aurois lâché quelques extravagances ; je ne crois pas que j'aie proféré une seule parole qui puisse faire juger que j'aie perdu l'esprit.

M. Lenoir. Non ; mais votre liberté vous a été rendue.

Latude. Oui, Monsieur, le 6 juillet ; & je vins vous remercier & vous demander la permission d'aller à Versailles pour remercier le Ministre & M. de Saint - Vigor, Contrôleur - Général de la Maison de la Reine, qui l'avoit sollicitée. Ce Monsieur étoit un bon ami de feu mon père ; il me dit de m'adresser à M. Rivière, Commis de M. Amelot, qu'il étoit instruit, & me diroit tout ce que j'avois à faire. Or, il est évident que j'ai suivi tous ses bons conseils au pied de la lettre pendant quarante jours que j'eus m'a liberté. Il est conſtant que je ne proférai pas une parole qui pût déplaire à perſonne ; & néanmoins , malgré ma bonne conduite , retournant dans le ſein de ma famille , je fus arrêté à quarante lieues de Paris , & mis dans un cachot à Bicêtre ; & voilà la première occaſion que j'aie eue de demander pourquoi j'y ai été conduit.

M. Lenoir. Connoiſſez-vous vos ennemis ?

Latude. Je ne les connois , ni ne veux les connoître.

M. Lenoir. Mais vous ſoupçonnez quelqu'un ? ( Ceux qui étoient avec M. Lenoir dirent : il faut le dire ſi vous les connoiſſez , on veillera à votre conſervation ).

Latude. Puiſque vous voulez que je le diſe , je crois que c'eſt M. de Sartines , votre bon ami , qui me perſécute.

M. Lenoir. Il eſt vrai que M. de Sartines eſt mon ami ; mais , enfin , où prétendez−vous aller , vos papiers ſont ſous les yeux du Roi.

Latude. S'il n'y a que mes papiers ſous les yeux du Roi , je dois bien eſpérer , parce qu'ils ne con-

tiennent que des chofes juftes & équitables , & je
ne ceffe d'adreffer au ciel des prières pour la con-
fervation de fes jours précieux , & de toute la
Famille Royale.


*Fin de l'Interrogatoire du 21 Avril 1781.*

Tout ce qui ſuivit ma dernière détention, fut calculé pour épaiſſir l'obſcurité dans laquelle on vouloit enſévelir ma malheureuſe exiſtence, & pour écarter le peu de perſonnes qui pouvoient y prendre part; & rien ne fut épargné pour me priver de tout appui, & me faire tomber dans un abandon univerſel.

Un Gentilhomme de mes amis ayant été à l'Hôtel de la Police pour s'informer du crime que j'avois commis, on ne ſe fit pas ſcrupule de lui répondre que j'avois été chez une dame de condition pour lui tirer de l'argent, en l'intimidant par des menaces.

Quelque tems après, M. le Préſident de Gourgues, en faiſant la viſite de Bicêtre, me découvrit dans mon cachot. Le ſeul mot de trente-trois ans de captivité le fit frémir, il daigna s'intéreſſer à mon fort ; mais on l'affura que ce laps de tems n'avoit encore pu modérer ni mes emportemens , ni mes violences.

M. le Vicomte de la Tour du Pin , ému d'une femblable compaffion , voulut bien auffi faire quelques démarches en ma faveur auprès d'une perfonne en place ; mais on l'écarta , en difant que j'étois détenu par un ordre particulier du Roi. Ainfi , on faifoit des réponfes différentes fuivant l'état & le caractère des perfonnes qui follicitoient ma liberté , & on choififfoit pour chacune celles qui étoient les plus convenables à leur état , & à les diffuader de s'intéreffer davantage à mon fort.

La contrariété de ces réponfes fuffiroit feule pour prouver qu'elles n'étoient que des prétextes inventés pour fe débarraffer de mes follicitations. La fauffeté de la première eft démontrée par cela feul qu'on a ceffé de l'articuler , puifque de toutes il n'y avoit qu'elle qui pût juftifier en quelque forte la rigueur dont on me traitoit.

Il n'en exifte d'ailleurs aucunes traces dans les bureaux de la Police, qui ont été compulfés cet hiver par les perfonnes qui follicitoient ma liberté, & qui auroient ceffé de s'intéreffer à moi, fi jeuffe été coupable d'un crime auffi honteux. Enfin ce qui complette mon innocence, c'eft que M. de Sartines & M. Lenoir font convenus, devant témoins, que ce crime ne m'avoit jamais été imputé ; & l'on voit en conféquence qu'il n'eft fait aucune mention de cette accufation dans l'inter-rogatoire que m'a fait fubir M. Lenoir, le 21 Avril dernier.

A l'égard de la folie & des emporte-mens qu'on m'y reproche, quand j'aurois eu réellement l'efprit aliéné par la longueur & par l'excès des maux ; & quand, dans l'horreur de ma prifon, j'aurois eu le mal-heur de me livrer quelquefois au défefpoir, eft-ce en prolongeant les tourmens qui

m'auroient mis dans cet état, qu'on pré-
tendroit les faire ceſſer ? Eſt-ce au fond
d'un cachot ſouterrain qu'on doit renfer-
mer un homme innocent, dont les longues
douleurs auroient troublé la raiſon ? Et la
juſtice & l'humanité ne ſont-elles pas éga-
lement révoltées d'un ſemblable traitement ? Si j'étois effectivement en démence,
ce ne ſeroit ni à Bicêtre, ni encore moins
dans un cachot que je devrois être ren-
fermé ; mais dans un des aſyles deſtinés au
traitement de cette maladie. Je pourrois en
ce cas réclamer, à bien juſte titre, les ſoins
qui ſont dûs à tous les infortunés qui ſont
dans cet état ; & j'y aurois certainement
des droits plus inconteſtable que perſonne,
puiſque ce malheur ne pourroit être que
l'effet des longues rigueurs dont j'ai été
accablé, & auxquelles mon eſprit auroit
enfin ſuccombé.

Mais, graces au Ciel, cette imputation
eſt auſſi fauſſe que la première : j'eſpère que
la lecture de ces Mémoires, auxquels je ne

mets aucunes prétentions d'Ecrivain, en avouant qu'ils font de moi, fuffira feulement pour convaincre que ma raifon n'eft pas plus égarée, que ma mémoire aliénée : & mon Confeffeur, mes Gardes, les Adminiftrateurs de la maifon où je fuis détenu, & depuis que je fuis forti du cachot, mes Conforts de détention, tous enfin font prêts à rendre témoignage de ma patience & de ma douceur.

Enfin le Ciel ayant accordé un Dauphin aux vœux de la France, le Roi eut la bonté de nommer une Commiffion, qu'il chargea de faire grace à tous les prifonniers qui ne feroient pas prévenus de crimes capitaux. M. le Cardinal de Rohan, Préfident de cette Commiffion, m'entrevit au fond de mon cachot en faifant la vifite de Bicêtre, il prit pitié de la mifère extrême dans laquelle j'étois plongé, & me promit d'examiner mon affaire avec les yeux de la juftice & de la compaffion. Il commença à me faire fortir du cachot, en me laiffant

efpérer

efpérer qu'il me rendroit bientôt ma liberté;
il me rendit au moins la lumière , & me
fit mettre, en attendant l'autre, à la chauf-
fée de Bicêtre , où je fuis encore au pain
& à l'eau. Et c'eft de ce lieu honteux , où ,
confondu comme je le fuis avec le rebut
de la fociété , que comptant toujours fur
l'accompliffement des promeffes de M. le
Cardinal , j'ai trouvé encore le moyen de
faire paffer en des mains fûres la première
partie des Mémoires que vous lifez.

Quelques perfonnes confidérables en les
lifant, furent touchées de l'excès de mes
malheurs , & daignèrent folliciter mon
élargiffement. M. Lenoir ayant appris, ou
par elles , ou je ne fais comment , que
j'étois forti du cachot ; ayant fu les efpérances que M. le Cardinal m'avoit don-
nées, & voyant fur-tout l'éclat que ce Mémoire commençoit à faire, & l'intérêt qu'il
infpire, *fe montra difpofé à écouter favo-*
*rablement les follicitations qu'on lui feroit;*
*promit à plufieurs reprifes de m'accorder*

H

*ma liberté; fit espérer qu'elle seroit plutôt obtenue par lui* que par le moyen de la Commission, *& empécha* de cette manière *qu'on ne fît des démarches auprès d'elle.*

M. Lenoir, en confirmation de ses promesses, demanda que quelqu'un se présentât pour répondre de ma conduite. Une Dame charitable s'offrit pour remplir cette formalité. A la vérité cette Dame effrayée des suites que des gens officieux ne manquèrent pas de lui faire envisager que cette démarche pourroit avoir pour elle, différa quelque temps de faire les soumissions qu'on exigeoit. Mais enfin après bien des longueurs & des délais, M. Lenoir, vaincu par de nouvelles instances, envoya chercher cette Dame, lui promit positivement ma liberté; la rassura sur ses craintes, & l'engagea à *donner ce cautionnement qui fut enfin signé,* & qui existe dans les bureaux de la Police.

En apprenant ces détails, je crus tou-

[ 115 ]

cher au moment qui doit mettre fin à mes
malheurs ; & l'espérance d'une délivrance
prochaine, me les faisoit déjà oublier. Mais
hélas ! qu'elle est la fatalité qui me pour-
suit ? & qu'on se représente s'il est possible
l'accablement affreux dans lequel me plonge
aujourd'hui la triste nouvelle que je reçois,
qu'après des espérances bien fondées, des
paroles aussi positives, le Ministre refuse
de m'accorder ma liberté ; assure que le
Roi me regarde comme un homme atroce
& dangereux, & déclare que mes longues
souffrances n'auront d'autre terme que celui de ma vie.

Quel mystère inconcevable renferme cette
funeste déclaration du Ministre, & comment peut-on l'accorder avec les promesses
que M. Lenoir n'a cessé de faire aux personnes qui ont daigné le solliciter en ma
faveur. S'il est vrai que le Roi ait prononcé
ces terribles paroles, qui sont pour moi
l'arrêt de la mort la plus cruelle ; s'il est
vrai qu'il ait de moi cette idée *d'atroce*,

<br>H 2

quel compte faut-il qu'on lui ait rendu de ma conduite ? Quel portrait affreux lui aura-t-on fait de moi ?

Le Roi ne connoît ni ne peut aſſurément connoître les priſonniers qui ſont détenus en vertu des ordres donnés en ſon nom, & ne peut rien ſavoir de ce qui les concerne, que d'après l'expoſé qu'on lui fait de leur caractère & de leurs actions. La juſtice & la bonté du Roi étant connues, on peut donc toujours, d'après le rapport qu'il entendra faire d'un priſonnier, prévoir quels ordres il donnera à ſon égard : & celui qui lui fait ce rapport, ſans qu'aucun contradicteur lui ſoit oppoſé, ni que le priſonnier puiſſe être entendu dans ſes défenſes, eſt donc, pour ainſi dire, le maître de déterminer la volonté du Roi, & lui dicte (ſi l'on oſe ainſi parler) en quelque ſorte ſa déciſion.

M. Amelot eſt perſonnellement auſſi peu inſtruit de ma conduite que le Roi lui-même, & ne peut rien favoir que par le compte que M. Lenoir lui en rend ; & par conféquent M. Lenoir a déterminé le rapport que M. Amelot fait au Roi de moi, auffi néceffairement que celui de M. Amelot va déterminer la décifion de Sa Majefté.

Comment donc fuppofer que M. Lenoir fût fincère quand il promettoit de m'accorder ma liberté, tandis qu'il étoit réfolu de moi à M. Amelot un compte qui le forceroit de faire au Roi un portrait de mon caractère, qui devoit déterminer Sa Majefté à me retenir à jamais dans la plus trifte captivité.

M. Lenoir pourroit-il donc être en effet fincère, ou s'il ne l'étoit pas, quel pouvoit être le motif de cette diffimulation, & le but qu'il fe propofoit par cette feinte ? .... On fe perd en y penfant ; & mes malheurs font en vérité fi grands & fi extraordinaires, qu'il eft auffi difficile de les comprendre, que de les fupporter.

[ 118 ]

S'il eſt poſſible de ſuppoſer que M. Lenoir fût ſincère dans le temps qu'il promettoit de m'accorder mon élargiſſement; la ſeule cauſe qu'on puiſſe ſoupçonner de ſon changement de volonté à mon égard, ne peut s'attribuer qu'à l'endroit vers la fin de mon interrogatoire, où il m'a, pour ainſi dire, forcé d'avouer que je croyois que M. de Sartines étoit mon ennemi ; & où il déclare lui-même au contraire que M. de Sartines eſt ſon ami. Mais ſi telle eſt la raiſon du changement des diſpoſitions de M. Lenoir, & ſi ce ſeul mot prononcé a décidé ma perte, je puis dire que je ſuis tombé dans un piège bien funeſte, & que je ſuis puni bien cruellement de ma ſimplicité.

Je ſupprime la foule des réflexions qui ſe préſentent, & je demande comment on a pu me repréſenter comme un homme dangereux & atroce ? Comment on peut ſavoir qu'un homme qui n'a paru qu'un moment dans la ſociété pendant ſon extrême

jeuneffe : un homme que toutes les perfonnes qui ont pu le voir dans la plus affreufe des captivités, difent avoir été pendant toute l'énormité de ce temps le plus
réfigné, le plus patient, le plus doux des
hommes, & font prêts à rendre unanimement ce témoignage encore fatisfaifant
pour lui.

Il eft temps de finir ces Mémoires, qui
dans le temps défefpéré où je fuis, ne peuvent qu'accroître encore mes maux, en
me rappelant leur caufe, leur durée & leur
excès. Ma première faute, quoique repré-
henfible, & que je fuis bien éloigné de
chercher à excufer, ne renfermoit du moins
en elle-même aucune intention criminelle :
elle recevroit même une forte d'atténua-
tion de mon inexpérience & de ma jeuneffe ; & ce qu'on peut me reprocher depuis, mérite à peine le nom d'imprudence.

En réparation, j'ai langui douze mille
cent-foixante-trois jours dans les différentes

prifons où j'ai été transféré fucceffivement. De ce nombre de jours, de ces jours dont chacun femble fi long, couché fur la paille fans couverture, dévoré par des infectes dégoutans, réduit au pain & à l'eau pour toute nourriture, j'en ai gémi trois mille cent-foixante-fept dans l'humidité & l'infection, dans l'obfcurité des cachots : & pendant douze cents-dix-huit de ces jours, ou plutôt de ces nuits perpétuelles & affreufes, mes pieds & mes mains ont été meurtris & écorchés par les fers dont on m'enchaînoit.

Le plus grand criminel paroîtroit, fans doute, déjà trop puni par ces longs tourmens: qu'on compare ma faute à cet énorme fupplice; & qu'on dife, d'après ce tableau, fi l'on peut refufer à mes malheurs une larme de pitié !

# EXTRAIT

## *Du Mémoire de M. de Comeyras.*

C EST à l'occafion de la naiffance de Mon-
feigneur le Dauphin, & lorque le Roi a
nommé cette Commiffion, dont l'objet eft
de faire grace aux coupables qui n'ont pas
commis des crimes capitaux, que M. le
Cardinal de Rohan, qui la préfide, ayant
été autorifé à fe faire ouvrir toutes le prifons, trouva le malheureux DE LATUDE
dans la fienne à dix pieds fous terre, couvert de lambeaux, une barbe d'un pied &
demi de long, n'ayant pour lit que de la
paille, du pain & de l'eau pour alimens.
Il eut l'humanité de lui faire donner une
demeure plus fupportable ; & c'eft à fa bien-
faifance, & à celle d'un grand nombre de
perfonnes du premier rang, auxquelles

M. le Cardinal de Rohan a fait connoître
fon fort, qu'il a dû les aumônes qui l'ont
adouci.

Un fcélérat noirci des plus grands crimes,
les auroit trop expiés par trente-cinq années de captivité, & toutes les barbaries
qui l'ont accompagné. Qu'on juge quelle
pitié mérite un homme qui n'a fait qu'une
faute qui n'intéreſſoit ni le Roi ni rien de
ce qui touche à fa perfonne, ni l'état, ni
la fociété ; une faute, dont les motifs n'a-
voient rien de criminel, que fa jeuneſſe
feule excufoit, & que fix mois de prifon auroient fuffifamment punie.

Il demande aujourd'hui qu'on lui rende
fa liberté ; mais fes ennemis s'y oppofent
encore : ne pouvant calomnier fes actions,
ils calomnient fes penfées ; ils le peignent
comme un fou, noir, dangereux, ulcéré
d'une détention fi longue & fi cruelle, &
dont la rage s'exhalera en injures & en
libelles, dès qu'il aura la liberté d'en com-

pofer impunément. Hélas ! ils le connoiffent bien mal ! Agé de foixante ans , accablé d'infirmités prématurées , n'ayant
plus que quelques jours languiffans , ce
n'eft pas à cette trifte vengeance qu'il les
deftine. Je n'afpire qu'à les paffer paifible-
ment, foit avec ce qu'il pourra retrouver
de fa famille , foit auprès de quelques amis
généreux qu'il doit à fes malheurs, & qui
le connoiffent affez pour répondre au Gouvernement de tout ce qu'il fera le refte de
fa vie. . . . . . . .

# ADDITION DU MÉMOIRE

Le sieur Latude a enfin obtenu sa liberté le 18 Mars 1784, avec quatre cens livres de pension. C'est un bienfait de M. le B<sup>on</sup> de Breteuil. Qu'il soit permis à l'auteur du Mémoire qu'on vient de lire, de faire connoître sa première & plus ancienne bienfaitrice, en lui rendant des actions de graces au nom de cet infortuné.

Une femme, nommée Madame le Gros, sortant de sa maison, rue des fossés Saint-Germain l'Auxerrois, dans le courant du mois de Juin 1781, vit au coin d'une borne un paquet de papiers déjà froissé, & couvert de boue: elle le ramasse, rentre chez elle, & lut ce qu'il renfermoit. C'étoit un Mémoire qui exposoit une partie des malheurs du sieur de Latude, & qui étoit *signé*, *Henri Masers de Latude*, *prisonnier à*

*Bicêtre, dans un cachot à dix pieds sous terre, & au pain & à l'eau depuis trente-quatre ans.*

Ce Mémoire étoit adressé à un Président de Tournelle ; le malheureux prisonnier protestoit de son innocence, & demandoit qu'on le transférât à la Conciergerie, & qu'on lui fît son procès sur tous les griefs que pourroient imaginer ses ennemis.

Que Madame le Gros ait été fortement émue en lisant ce Mémoire : ce n'est pas ce dont on la loue. C'est l'effet qu'un malheur si long, si cruel, si extraordinaire, auroit produit sur l'ame la plus commune.

Mais qu'en apprenant le sort d'un infortuné, avec lequel elle n'avoit jamais eu de liaison d'aucune espèce, qui n'existoit même pas pour elle quelques heures auparavant, & qui n'avoit pour recommandation que l'excès de son malheur, elle ait résolu de consacrer sa vie à lui faire rendre sa liberté,

& de ne se reposer qu'après l'avoir obtenue ; qu'elle ait persisté trois ans entiers sans être un seul instant ni rebutée , ni effrayée des difficultés, des dégoûts, des dangers mêmes de toute espèce qu'elle rencontroit. C'est un acte de vertu & d'humanité qu'il faut d'autant plus admirer , qu'il n'en existe peut-être pas un second exemple.

Elle avoit heureusement un mari qui étoit digne d'en partager le mérite. Il alla chez le Président de Tournelle, à qui le Mémoire étoit adressé, & qui lui dit « qu'il » avoit vu cet infortuné ; qu'il avoit fait » plusieurs démarches pour lui rendre ser- » vice ; mais qu'on lui avoit répondu que » c'étoit un homme dangereux, un fou, » sujet à des accès de rage, tels que trente- » deux ans de captivité n'avoient pas suffi à les amortir.

En apprenant cette réponse, & qu'on n'accusoit le prisonnier d'aucun crime ; elle se douta que sa folie n'étoit qu'un

prétexte inventé pour rebuter ſes protecteurs , & empêcher qu'il ne fût ſecouru.
Alors elle chercha à pratiquer dans le
château de Bicêtre , quelques perſonnes
par leſquelles elle pût arriver juſqu'à lui.
Elle y réuſſit à force de temps & de peines ,
& s'en ſervit pour lui faire tenir une lettre ,
où elle lui marquoit : « J'ai trouvé votre
» mémoire , qui m'a beaucoup attendrie ;
» accordez-moi , je vous en prie , votre
» confiance , je ferai tout ce qui eſt en
» mon pouvoir pour vous être utile. En-
» voyez-moi un détail bien circonſtancié
» de vos affaires , & ſur-tout ne me dé-
» guiſez rien. Je ne ſigne pas , crainte
» de quelque malheur ».

Cet infortuné n'étoit pas accoutumé à
trouver tant de pitié dans une inconnue.
Il ſe livra à elle ſans réſerve , malgré le
myſtère qu'elle lui avoit de ſon nom , &
lui a fait paſſer ce qu'elle demandoit. C'eſt
ſur cette eſpèce de cannevas que ſon mari
dreſſa les mémoires. Après quoi , l'un &

l'autre se mirent en mouvement pour lui chercher des protecteurs.

On ne dira pas toutes les peines qu'ils eurent pour en trouver. Nés l'un & l'autre de parens honnêtes, mais sans fortune ; ayant pour unique moyen de vivre, ce que le mari gagne à faire des éducations. Ils dérobèrent sur leur plus rigoureux nécessaire, de quoi payer les voitures qui les transportoient à Bicêtre, ou dans l'antichambre de ces gens, chez qui le pauvre n'a pas même le droit d'arriver crotté ; ou même à plusieurs lieues de Paris, & partout où ils croyoient pouvoir découvrir des protecteurs à leur prisonnier. On n'en citera qu'un seul exemple.

On avoit dit à madame le Gros, qu'il y avoit une madame du Chesne, femme-de-chambre de MADAME, qui en étoit fort bien traitée, & par qui elle pourroit faire parvenir un mémoire à cette princesse. Elle fit, pendant trois jours, des

courses

courfes dans toùt Paris pour la découvrir : perfonne ne la connoiffoit. Elle partit pour Verfailles, & elle apprit que madame du Chefne étoit à Santeny, à fept lieues de Paris. Elle y va, & la trouve partie depuis une heure. Alors il fallut revenir à Paris, la bourfe épuifée, moitié à pied & moitié dans les voitures qu'elle rencontroit dans les chemins. Le lendemain elle retourna à Verfailles, parvint à faire parler à Madame Duchefne, & même en rapporta la promeffe de préfenter le mémoire de fon prifonnier. Elle s'étoit donnée une entorfe en allant chez cette Dame, & n'en entreprit pas moins de revenir à pied à Paris. Mais après avoir horriblement fouffert fur la route, elle tomba au haut de la montagne des Bons - Hommes, de fatigue, & accablée de douleurs, & hors d'état de faire un pas de plus. On la tranfporta chez elle, où elle paffa fix femaines dans fon lit. Dès qu'elle put marcher, elle reprit le chemin de Verfailles avec fon Mémoire : mais Madame Duchefne refufa abfolument de le

I

préfenter. Elle lui avoua qu'un de fes amis en qui elle avoit toute (1) confiance, lui avoit dit : « de fe bien garder d'impor- » tuner la Princeffe pour un objet de cette » nature : elle ajouta que le meilleur con- » feil qu'elle pouvoit lui donner à elle- » même, étoit de fe tenir tranquille, & de » ne fe plus mêler d'une affaire qui pou- » voit la perdre, fans qu'elle pût être dé- » dommagée du péril qu'elle couroit par » une efpérance un peu raifonnable de » réuffir ».

Ce qui lui arriva alors chez Madame Duchefne, lui eft arrivé cent fois depuis avec des gens bien plus confidérables ; elle

---

( 1 ) On voit à cette réponfe l'air des Bureaux de M. Ame- lot, pris & rendu dans le langage politique & fi cenfé d'un fieur Abbé Chaus, fils d'une Marchande de fils de la rue Mouffetard, devenu propriétaire de la charge de fous-pré- cepteur des Pages du Roi, & Confeiller depuis long - tems de Madame Duch . . . . . courtifan fin & délié, d'une prudence exceffive, & feulement à l'affut des bonnes af- faires qu'il peut lui faire folliciter fans péril.

pénétra jusques à eux avec une patience toujours agissante, & que rien ne lassoit. Elle
n'avoit aucune peine à les émouvoir; car
tous les premiers mouvemens étoient bons;
mais tous les autres étoient foibles : & tout
se terminoit par ne rien faire, ou du moins
par ne rien obtenir.

C'est vers ce temps que naquit Monseigneur le Dauphin. On dit alors à Mme.
le Gros que le Roi institueroit à cette occasion un tribunal , dont l'objet seroit
d'examiner les procès de certains coupables , & de leur faire grace quand ils n'auroient pas commis de crime capital.

Elle songea tout de suite à y faire comprendre son prisonnier; pour cela il falloit
intéresser M. le Cardinal de Rohan, qui
devoit présider la Commission. Elle commença par gagner la femme du Suisse , en
lui racontant une partie de son histoire.
De là, au bout de quarante ou cinquante
visites, elle parvint jusqu'au Secrétaire. Il

lui apprit que M. le Cardinal avoit déjà vu le prisonnier ; qu'il l'avoit fait retirer de son cachot souterrein, & lui avoit fait donner une demeure plus supportable, & qu'il venoit même de lui envoyer un secours d'argent : qu'elle pouvoit compter qu'il s'intéresseroit vivement à lui , & qu'il seroit compris parmi les accusés que la Commission devoit examiner, & dont elle faisoit expédier la grace.

On ne dira pas comment ce malheureux prisonnier fut rayé de la liste où on l'avoit d'abord placé : heureusement nous n'avons plus à parler que des services que sa bienfaitrice lui a rendus.

Elle alla le voir dans Cabanon , dès qu'elle apprit qu'il y étoit ; elle y retourna tout aussi souvent qu'elle le put, sans se rendre suspecte, & sans se rebuter ni de l'éloignement , ni de la fatigue que le moindre mouvement lui causoit , vû qu'elle étoit grosse, & que sa grossesse étoit fort avancée.

Il étoit prefque nud, & manquoit de tout : elle lui acheta des bas, des chemifes ; elle lui apporta une robe-de-chambre qui devoit le couvrir chaudement, & qu'elle lui avoit faite elle-même. Elle y joignoit tout l'argent qu'elle pouvoit dérober à fon plus étroit néceffaire ; & quand il ne lui reftoit plus rien, elle alloit encore le voir, & lui apportoit du moins des efpérances & des confolations.

Voilà la plus petite partie des chofes que Madame le Gros a faites pour fon prifonnier. On l'a appris beaucoup plus de lui que d'elle : car fa modeftie s'obftinoit à tout cacher, hors les démarches qu'il falloit bien qu'elle avouât, parce qu'elles avoient tout Paris pour témoin. Heureufement qu'on trouvera quelques détails qui manquent, dans une lettre qu'une des plus refpectables protectrices de Mme. le Gros a écrite à l'auteur de ces Mémoires, & qu'il va tranfcrire ici comme le meilleur moyen qu'il ait pour achever de la faire connoître.

» J'ai appris, Monsieur, que vous avez
» demandé à Madame le Gros un mémoire
» détaillé de tout ce qu'elle a fait depuis
» trois ans, pour obtenir la liberté du sieur
» Masers. D'après les questions que je lui
» ai faites sur ce que contient le récit qu'elle
» vous a envoyé, je vois que sa discrétion
» & sa modestie ne lui ont pas permis de
» donner à cette bonne œuvre toute sa va-
» leur, & qu'elle s'est bornée à vous parler
» des démarches qu'elle a faites. Témoin
» depuis plus d'un an de l'activité, du cou-
» rage, de la générosité, de la constance,
» je pourrois même bien dire de l'acharne-
» ment qu'elle y a mis, & sans lequel elle
» n'auroit jamais . . . . . . jamais réussi, j'ai
» le plus grand plaisir à saisir cette occásion
» de vous en parler.

» Une belle action qui s'accomplit au
» moment qu'on la projette, est déjà une
» chose assez rare ; mais une belle action
» qu'il faut soutenir pendant trois ans,
» avec une sensibilité & un courage inal-

» térables, aux dépens de son temps, de
» ses propres affaires, de sa santé & de sa
» fortune, quand on n'en a pas, c'est ce
» que je n'avois jamais vu jusqu'à ce que
» j'aie connu Madame le Gros. Beaucoup
» d'autres auroient pu former la même en-
» treprise, en apprenant les malheurs du
» sieur Masers; mais pour réussir, il falloit
» une sensibilité, & une constance plus
» qu'ordinaire : il falloit celle qui anime
» & qui soutient Madame le Gros.

» Ni les détails, ni les refus, ni ses
» espérances cent fois trompées, ni le re-
» froidissement de ceux que tant de diffi-
» cultés lassoient, ni les inconvéniens per-
» sonnels auxquels l'exposoit le genre de
» bienfaisance qu'elle exerçoit ; rien enfin
» ne l'a rebutée. Les représentations même
» de ceux qui, touchés de tant de géné-
» rosité, prenoient le plus tendre intérêt
» à son bonheur, n'ont jamais modéré son
» zèle. Il croissoit en progression des difficul-
» tés, & je ne lui ai jamais vu plus d'ardeur

» pour réuſſir, que quand elle ſembloit ne
» devoir plus rien eſpérer. Sans autre ſecours
» que ſon courage, & dans un état de ſanté,
» qu'une groſſeſſe rendoit encore plus dé-
» plorable, je la voyois ſans ceſſe l'année
» dernière s'épuiſer en courſes pénibles,
» pour obtenir non des ſecours pécuniaires,
» car elle les fourniſſoit elle-même à ſon
» priſonnier; mais des protecteurs qui puſ-
» ſent le ſervir. Elle communiquoit ſa ſen-
» ſibilité à ceux à qui elle parloit; en ga-
» gnoit tous les jours de nouveaux ; n'en
» négligeoit aucuns, & ne ſongeoit à ſe
» repoſer que quand il n'y avoit plus rien.

» C'eſt ainſi que ſans fortune , ſans
» crédit , ſans moyens perſonnels d'aucun
» genre , elle eſt parvenue à obtenir ce
» qu'elle avoit ſi long-tems, ſi ardemment
» deſiré.

» Et quel étoit le but de tant des ſoins ?...
» C'étoit de recueillir chez elle celui qui
» en étoit l'objet : de partager avec lui le

» fruit de ſes travaux, & ceux de ſon mari.
» Je lui ai quelquefois dit que ſa ſituation
» ne ſembloit pas lui permettre de ſe livrer
» à tant de généroſité. J'ai perdu mon fils,
» me répondit-elle; j'ai promis à mon pri-
» ſonnier qu'il occuperoit ſa place : s'il eſt
» jamais libre, je lui tiendrai parole. Elle
» oublioit, en parlant ainſi, qu'un autre
» enfant né depuis ne laiſſoit plus cette
» place vacante. La femme capable de dé-
» vouer ainſi toute ſon exiſtence au ſen-
» timent d'humanité, & le mari qui le
» permet & l'approuve, ſont deux êtres
» bien rares & bien reſpectables.

» Comme je n'ai jamais vu Madame le
» Gros qu'occupée entiérement de celui
» qu'elle a ſi bien ſervi, je ſuis à peine
» inſtruite de ſa propre ſituation. Je ſais
» ſeulement que née ſans fortune, ſes af-
» faires ſont encore plus gênées qu'elles
» ne devroient l'être; parce que venant de
» perdre ſon père après des maladies fort
» longues, & par conſéquent onéreuſes,

» elle a voulu faire honneur aux dépens que
» ce malheur leur avoit fait contracter. C'est
» en remplissant ce devoir aux dépens de
» son nécessaire, qu'elle a encore trouvé
» les moyens d'aider le sieur Masers de
» tout ce qu'elle a pu dans sa prison : qu'elle
» n'a épargné aucuns des frais qu'entraî-
» noient tant de démarches, & qu'elle se
» félicite aujourd'hui de l'avoir en partie à
» sa charge, si l'on ne trouve moyen d'a-
» jouter quelque chose aux quatre cents
» liv. de pension qu'on lui a accordé.


J'ai l'honneur d'être, &c.

www.ingramcontent.com/pod-product-compliance
Lightning Source LLC
LaVergne TN
LVHW012331170726
843503LV00002B/812